中国历代大家族

千秋家国梦

先秦时代的诸侯们

从家族命运到历史风云　详解历史真实样貌　丰富细节撼动心灵

▶春秋战国,悠远经典。世道浇漓,秦楚勇冠,燕赵悲歌,韩魏冠带,齐鲁礼仪。缥缈星空,魂飞梦嵌。天地也许铭记往事,山河依然沉湎旧梦,多少先民为之感慨,多少先贤为之伤情。泱泱千年家国,综其成败兴废,财富与功名最终皆为虚幻,只有进取的灵魂才能永久积淀。诸子百家的世界,军事谋略的艺术,古典贵族的精髓,全在雄壮的战国之巅!

庞海丽◎编著

郑州大学出版社
郑州

图书在版编目(CIP)数据

千秋家国梦:先秦时代的诸侯们/庞海丽编著. —郑州:郑州大学出版社,2016.1

(中国历代大家族)

ISBN 978-7-5645-1770-0

Ⅰ.①千… Ⅱ.①庞… Ⅲ.①家族-史料-中国-先秦时代 Ⅳ.①K820.9

中国版本图书馆 CIP 数据核字(2014)第 114744 号

郑州大学出版社出版发行
郑州市大学路 40 号　　　　　　　邮政编码:450052
出版人:张功员　　　　　　　　　发行部电话:0371-66966070
全国新华书店经销
辉县市伟业印务有限公司印制
开本:787 mm×1 092 mm　1/16
印张:12
字数:173 千字
版次:2016 年 1 月第 1 版　　　　印次:2016 年 1 月第 1 次印刷

书号:ISBN 978-7-5645-1770-0　　　定价:29.80 元

本书如有印装质量问题,请向本社调换

千秋家国梦
——先秦时代的诸侯们

内容提要

春秋战国，悠远经典。世道浇漓，秦楚勇冠，燕赵悲歌，韩魏冠带，齐鲁礼仪。星空，魂飞梦嵌；天地，铭记往事；山河，沉湎旧梦。多少先民为之感慨，多少先贤为之伤情。泱泱千年家国，综其成败兴衰之纪，财富与功名最终皆为虚幻，只有进取的灵魂才能永久积淀。诸子百家的世界，军事谋略的艺术，古典贵族的精髓，全在雄壮的战国之巅！

目录 Contents

第一章 犬丘氏

秦穆公：霸业之始 3
- 秦赵一家 3
- 羊皮换贤 6
- 秦晋之好 7
- 独霸西戎 10

秦孝公：不离不弃 11
- 沮国之伤 11
- 卫鞅变法 12

秦昭王：六国之屠 15
- 宣太后 15
- 远交近攻 19
- 君王和将军 21

后世遗踪 25

第二章 赵氏春秋

赵文子：赵氏之孤儿 29
- 赵国嬴 29
- 赵氏孤儿 31
- 弭兵会议 35

赵简子：夏政戎索 37
- 赵鼎刑书 37
- 范氏中行氏 39

赵襄子：三家分晋 ································ 43
　　无恤无情 ···································· 43
　　三家灭智 ···································· 44

后世遗踪 ·· 47

第三章　芈姓之熊

楚文王：筚路蓝缕 ································ 51
　　有熊氏 ······································ 51
　　受鞭纳谏 ···································· 52
　　迁都于郢 ···································· 53

楚庄王：问鼎中原 ································ 58
　　一鸣惊人 ···································· 58
　　晋楚争霸 ···································· 61

楚威王：最后的辉煌 ······························ 65
　　息民自重 ···································· 65
　　以楚毁齐 ···································· 66

楚怀王：陨于妇手 ································ 68
　　怀王 ·· 68
　　纵约长 ······································ 69
　　秦楚决战 ···································· 73
　　客死异乡 ···································· 77

后世遗踪 ·· 78

第四章　夺齐妫氏

齐威王：徐州相王 ································ 83
　　陈侯因齐 ···································· 83
　　徐州相王 ···································· 84
　　将相之争 ···································· 88

齐宣王：为国不惜娶丑女 ·························· 89
　　稷下学宫 ···································· 89

目 录

    从善如流 ············· 90
    吞并燕国 ············· 95
    自绝盟友 ············· 97
齐湣王：王霸之业转头空 ············· 99
    东帝西帝 ············· 99
    桀宋 ············· 102
    楚将淖齿 ············· 104
后世遗踪 ············· 105

第五章 魏氏：最后的姬姓强宗

魏文侯：开国之君，守信之侯 ············· 109
    团结三晋 ············· 109
    李悝变法 ············· 111
    控扼赵国 ············· 113
    吴起 ············· 117
    西河学派 ············· 118
魏惠王：百年霸业终结者 ············· 122
    贵族与平民的对立 ············· 122
    真实的庞涓 ············· 123
    抗击四国之战 ············· 126
    一切归零 ············· 134
魏无忌：侠肝义胆留青史 ············· 141
    三千食客不及一侯 ············· 141
    故国难返 ············· 145
后世遗踪 ············· 147

第六章 燕国姬氏恩仇录

燕昭王：千金市马骨 ············· 151
    蓟 ············· 151
    黄金台 ············· 152

乐毅 ·················· 154

五国伐齐 ·················· 155

太子丹：萧萧易水寒 ·················· 158

国难与旧情 ·················· 158

荆轲 ·················· 160

刺秦 ·················· 163

后世遗踪 ·················· 166

第七章　周天子

武王：八百载江山奠基者 ·················· 169

周原 ·················· 169

文王伐商 ·················· 170

牧野之战 ·················· 172

成康之治 ·················· 173

周赧王：羞愧之王，债台高筑 ·················· 175

出兵讨秦 ·················· 175

债台高筑 ·················· 177

后世遗踪 ·················· 179

周朝谱系 ·················· 180

第一章　犬丘氏

黄帝之子少昊氏是姓的远祖。据《史记·五帝本纪》称：皋陶和伯益父子俩同时辅助舜帝。皋陶为少昊的曾孙，女修之孙，大业之子。舜帝封他于皋，叫皋陶。他还发明了耒耜，为黄河流域（中下游）农业的发展做出了巨大的贡献。

皋陶长子名大费（音闭），又称伯益，与皋陶长期共同辅佐舜和大禹，居功至伟，被舜赐为姓，继承姓正统，也就是当上少昊遗留下来的姓部落首领，即为秦赵姓的始祖。《史记·秦本纪》说："佐舜调驯鸟兽，鸟兽多驯服，是为柏翳。舜赐姓嬴氏。"据考证：柏翳即伯益。禹准备让伯益当他的继承人。禹之子启攻益而夺天下，伯益没有当上首领，于是禅让制被世袭制所代替，启建立了中国历史上第一个王朝——夏朝。

氏夏末归商，参加过灭夏的战争，商末以来，秦子孙中西迁陇右者，遂成为西周王朝镇压西戎的一支政治力量，并在与戎狄的斗争中被封为诸侯，建立了秦国，这就是后来消灭六国、建立中央集权政治制度的秦王朝的前身。

代表人物： 秦穆公（嬴任好）　　秦孝公（嬴渠梁）　　秦昭王（稷）
对政局影响： 嬴任好独霸西戎，嬴渠梁进行划时代的改革，稷彻底摧毁六国的实力。
溯本追源： 起源自东夷鸟夷部落
后世遗踪： 嬴氏历代励精图治，终于灭亡六国，统一天下，但因为施行暴政，终被农民起义推翻

◎ 秦穆公：霸业之始

秦赵一家

在春秋战国史上，秦赵是当时的大国，他们之间发生了很多战争，在战国时代，六国抗秦也以包括赵国在内的三晋最为惨烈，比如秦赵长平之战。但实际上两国君主同姓同源，实为一家，《史记·赵世家》称"赵氏之先，与秦共祖"，秦始皇政乃是赵括的外孙。

氏，本姓姬，出自东夷部落，被叫作鸟夷，这是因为氏和东方的殷人有着共同的图腾崇拜，即是玄鸟（燕子）。他们也都有吞玄鸟卵而生子的共同传说。最早在汉字中的"嬴"字正好是"燕"字的异写体。氏本生活在红山文化区，后来与炎黄争夺天下，随蚩尤为首的夷人部落迁到了今山东境内的东海之滨。

红山文化

红山文化因首次发现于赤峰红山而得名。它以西拉沐沦河、老哈河流域为中心，分布面积达二十万平方公里，距今五六千年左右，延续时间达两千年之久。红山文化是中原仰韶文化和北方草原文化在西辽河流域相碰撞而产生的富有生机和创造力的优秀文化，内涵十分丰富，手工业达到了很高的阶段，形成了极具特色的陶器装饰艺术和高度发展的制玉工艺。到目前为止，红山文化的玉器已出土近百件之多，其中大型碧玉猪首龙，周身卷曲，吻部高昂，毛发飘举，极富动感，是红山文化玉器的代表作，也是目前中国出土时代最早的龙形玉器，被誉为"天下第一龙"。因赤峰境内多有龙形玉器出土，红山文化的先民应为龙的传人。

神话传说中，秦人世系起源于颛顼裔孙伯益。由于颛顼死后，被人们尊为北方之神，在五行中，北方与黑、水相配，因此典籍又称颛顼为黑帝、水神。所以，秦国的水德即来源于此。

五德终始说

所谓"五德终始说"，是一种神秘的历史循环观念。它以五德相胜揭示王朝更替，先后顺序为土德、木德、金德、火德、水德。水德之后又是土德，开始另一个周期，循环无穷。每一个王朝代表一德，当一个王朝衰落后，必然被代表另一德王朝取代。而新王朝兴起的时候，在天意支配下自然界必定出现某种符应。某个君主认识到符应的含义，便成为受命者，取得统治天下的资格。他又自觉地效法符应显示的那一德的性质为新王朝制订各种制度。

秦一族，开始是商朝的臣属。传至西周，分为了赵城氏和犬丘氏两大支，前者始祖为造父，由始封地赵城改为赵氏；后者始祖为非子，则由被周孝王封于秦地，号秦。古代同姓不婚，秦与赵在历史上就非婚姻之国。春秋时秦多与晋结好，战国时多与楚通婚。晋国姬姓，楚国芈姓。而赵多婚于三晋中的魏韩，两国皆姬姓。

嬴氏来到黄河中游后，同商族一直保持着联盟关系。公元前11世纪，周武王发动灭商战争，推翻了商朝，建立了周朝，定都镐京（今陕西西安附近），史称西周。由于以武庚为首的商朝残余势力发动了叛乱，平叛后嬴氏就被从黄河中下游赶向西方荒凉的黄土高原，在周的西部边陲"守边"。嬴氏人被征服后，社会地位一落千丈，整个氏族都沦为奴隶，受西周奴隶主的驱使和奴役。因此，当西周势力逐渐强盛，一步步向东发展时，嬴氏部落被摒弃于西周统治中心之外。当时，西周奴隶主贵族与嬴氏部落的关系是征服与被征服的关系，在西周奴隶主眼里，嬴氏人就像牲畜、物品一样，可以买卖、赠送和赏赐。嬴氏人的首领也常常被征调去服役，主要是做周天子的马夫。

周孝王时期，嬴氏人居住于一个叫犬丘今甘肃天水地区的地方。他

第一章 犬丘氏

的首领非子善于养马。周孝王就让他到"汧渭之间"（今陕西扶风和眉县一带）负责养马。由于非子养马有功，马繁殖很快，周孝王对非子十分赏识，便将非子的异母弟成封于秦地作为周王的一个附庸（大夫），奖励方圆50里的土地一块，即今甘肃天水张家川县城西南瓦泉村一带（当时称为"秦"），准许他们在秦地立城，继续奉嬴氏的祖先，号称秦嬴。秦国一系的嬴氏，从此开始。

所谓"附庸"就是还没有资格向周天子直接进贡，只能附属于某一个诸侯。尽管如此，"秦"在这时的地位毕竟比以前高了一点。秦国成为诸侯，是野蛮的游牧民族犬戎入侵的结果。

公元前770年，西周被申国联同犬戎攻陷了镐京，幽王死，周平王仓皇逃往洛邑，在那里建立了东周，秦襄公率兵护送，对周王室有大功，因此周平王就把秦襄公从大夫提拔为诸侯，还把歧以西之地赐给了秦。尔后，秦在驱逐犬戎的战争中再次立下大功，被升为伯爵。至此，秦终于成为诸侯国，并名列上卿。

犬戎

古族名。中国古代的一个民族，即猃狁，也称西戎，活动于今陕、甘一带，猃、岐之间。西周中期以来，随着周王朝实力的削弱，共、懿、孝、夷四王仅能守成，而西北地区的戎狄逐渐兴盛。特别是猃狁，进一步增大对周朝的压力，不时入侵。宣王时期，经过一段时间的积蓄力量，宣王命尹吉甫、南仲等出军征伐猃狁，取得很大胜利。但是，到了宣王晚年，周王朝又重新出现了衰落的现象。幽王即位，以"为人佞巧，善谀好利"的虢石父为卿，国人皆怨。幽王三年，又改立嬖宠美人褒姒为后，以其子伯服为太子，这样宜臼逃奔申国，其外祖父申侯联合缯国和西方的犬戎，杀幽王于骊山下，掳褒姒，尽取周赂而去，西周灭亡。

依照周制，伯爵的领地只能是七十里，但是秦国与周平王立有契约，即失陷于西戎的西岐、丰镐之地，秦国若能收复，即可纳入其领地，不

— 5 —

受伯爵爵位的限制。秦国从一开始，就获得了合法拓地的特权，因此秦国不仅名列诸侯上卿，以后更成为诸侯中的大国。

羊皮换贤

周平王赐给岐山以西之地，秦国定都於雍（今陕西凤翔南）。到了秦穆公时，国势逐渐强大起来。

秦穆公，名任好，嬴姓，他秦国历史上一位有作为的君主。在位期间，内修国政，外图霸业，统一了今甘肃、宁夏等地，开始了秦国的崛起。

秦穆公胸怀大志，却苦无贤才辅佐。有人告诉他，一个叫百里奚的人是不可多得的人才。这个百里奚是有一番来历的，其人历经坎坷。晋国灭虞国，俘虏了虞公及其大夫百里奚，后来秦穆公娶晋献公的女儿穆姬为妻，晋国就将他们作为穆姬的媵人（随嫁的人）陪嫁到秦国。百里奚不愿忍受奴隶的生活，逃到宛（今河南南阳），被楚国人捉去。

唇亡齿寒

出自《左传·僖公五年》。公元前658年，晋国攻打虢国，用美玉宝马贿赂虞国来借道。虞国的贤臣宫之奇劝国君不要借路给晋国，否则大祸就会降临到虞国的头上。他与国君分析，说虞国和虢国的关系就像车子和车旁的夹板一样紧密，车子要依靠夹板，夹板也要依靠车子，否则就不稳固，谚所谓'辅车相依，唇亡齿寒'。今天虢国之所以没有被灭掉，依靠的是我们虞国；虞国之所以没有被灭掉，依靠的是虢国，如果我们借路给晋国去打虢国，那么虢国如果在早上灭亡，虞国就会在当天晚上被消灭。所以，千万不能借路珍晋国啊！虞公不听宫之奇的忠告，把路借给了晋国。结果晋国把虢国灭了之后，回来时把虞国也消灭了。后来，人们用"唇亡齿寒"来比喻关系十分密切，休戚相关。

秦穆公打听到百里奚在楚国，就想用高价赎回他，又怕楚人不许，就派人对楚国王说:"我们有个奴隶叫百里奚,他犯了法,躲到贵国来了,请让我们用五张羖皮(公羊皮)把他赎回去办罪。"楚国人同意将百里奚交还秦国。百里奚回到秦国,秦穆公亲自为他打开囚锁,向他询问国家大事。百里奚推辞说,他是亡国之臣,不值得询问。秦穆公说:"虞君重用您,所以亡国了,不是你的罪过。"秦穆公与百里奚谈论国事数日,秦穆公十分赏识他,授以国政,号称"五羖大夫"。此时百里奚已七十高龄的老人。后来百里奚推荐了自己的朋友蹇叔和蹇叔的儿子西乞术、白乙丙。秦穆公拜蹇叔为右相,拜百里奚为左相。没多久,百里奚的儿子也投奔到秦国来,被秦穆公拜为将军。五张羊皮换来五位贤人的事,成为千古佳话。

百里奚相秦期间,充实了秦的国力,奠定称霸以及统一的基础。这在春秋时期已很明显,为有识者所称道。秦霸西戎,与晋国抗衡,成为诸侯争霸中举足轻重的一方势力,都是秦穆公时期完成的,这是穆公雄才大略、善于用人的结果,故论史者称许秦穆公的功业,总以任用百里奚为其大端。

秦晋之好

秦国要发展,首当其冲的是其东邻晋国。当时晋国国力强大,使秦国向东发展受到阻遏,秦穆公于将注意力集中于晋国。

公元前651年,晋献公死,奚齐继位,旋即被其臣里克杀死。秦穆公派百里奚带兵送夷吾回国继位,为晋惠公。夷吾事先答应将河西八城割给秦作为谢礼,但继位后却毁约。

晋惠公

晋惠公(?-前637年),姓姬名夷吾,春秋时代晋国君主,晋献公之子,霸主晋文公的弟弟。公元前655年,夷吾遭到骊姬之乱的迫害,逃到梁国避难。梁伯把自己的女儿许配给夷吾,生下一男一女。男孩取名为圉，女孩取名为妾。公元前651年，晋献公驾崩，里克杀了骊姬，然后派人往梁国迎接了夷吾。夷吾听了吕省的劝告，怀疑里克迎接他有阴谋，怕有生命危险，因此贿赂秦国请求帮助，说会把晋国的河西八城奉献给秦国。秦军护送夷吾回国即位。晋惠公即位后，没有实现他的诺言。

公元前647年，晋国发生饥荒，晋惠公向秦穆公请求购买粮食，秦穆公答应了。公元前646年，秦国发生饥荒，晋惠公却不肯向秦国卖粮食，秦穆公大怒，攻打晋国，晋军大败，惠公被俘。晋惠公在秦国当俘虏期间，秦晋两国订立盟约，然后被礼送回晋，继续为君，直至逝世。

秦穆公十三年（前647年）晋国发生饥荒，请求秦国接济粮食，秦穆公询问群臣该怎么办，有人认为应当借机伐晋。百里奚不同意，说"天灾每个国家都不可避免会有，邻里间互相救助乃是天道"。最后，秦穆公采纳了百里奚的意见，运粮食给晋国。秦国粮船从雍都到绛（今山西翼城东南）络绎不绝。这就是历史上著名的"泛舟之役"。晋国的百姓吃到了救命粮，无不感激秦国的恩德。

秦穆公十四年（前646年），轮到秦国发生饥荒，晋惠公不仅不给秦国粮食救灾，反而乘机出兵攻秦。

秦穆公在歧山有一个王室牧场，饲养着各式各样的名马，有一天，当初，秦穆公丢失了一匹千里马，被生活在山之下的三百多个乡人捉到，并把马吃掉了。官吏抓住这些吃马人，准备严惩。穆公说："君子不因为牲畜而伤害人。不过我听说吃了千里马的肉不喝酒会害病。"于是穆公赐酒请他们喝，并赦免了这些人。

公元前645年，秦国与晋国在韩原大战，秦穆公亲自参战，被晋军所包围，穆公受伤了，面临生命危险。这时山之下偷吃良马肉的三百多人，飞驰冲向晋军，"皆推锋争死，以报食马之德"。不仅使穆公得以逃脱，反而使秦军生俘晋惠公。

在周襄王和穆姬的请求下，秦穆公与晋惠公结盟后，将其放回。晋惠公送太子圉到秦国为人质，并将黄河以西的地方献给秦国，秦的东部疆界扩至龙门。秦穆公二十三年（前637年），晋惠公死，其子圉逃回国继位，为晋怀公，继续迫害逃亡的另一个公子重耳（后来的晋文公）。秦穆公于是将重耳从楚国迎来，以极为隆重的礼节接待，将女儿文嬴及四位宗女嫁其为妻，然后送重耳回国为君。晋文公借助秦国大军杀死圉，尊王攘夷，败楚城濮，成为霸主。

城濮之战

城濮之战，是我国春秋时期晋、楚争霸中原的一次具有决定意义的战争。居于劣势的晋国，正确地分析了当时的客观形势，恰当地选择了战场，采取政治外交联盟，造成对楚优势，掌握主动权，处于有理、有利的战略地位。然后，避楚锋芒，退避三舍，诱敌深入，合兵突击，取得决战胜利。此战的"退避三舍"方针，是我国古代军事思想的重要发展。此战之后，晋文公继齐桓公成为霸主。

公元前630年，秦又出兵帮助晋文公围郑。郑老臣烛之武夜里用绳索系着，见秦穆公说："郑国灭亡，于秦不利。晋人这次开拓了东边的领土，下次就会向西边的秦国用兵。大君何必损害自己国家的利益帮助晋国呢？"秦穆公于是与郑结盟，还留大将杞子助守，然后罢兵而还。晋文公见秦军单方面撤军，也只得收兵回国，不过自此秦晋之好也就产生了裂痕。

秦穆公三十三年（前627年），晋文公已经去世，杞子从郑国派人送信回国告知穆公郑国有机可图。秦穆公企图乘晋国大丧的机会，插足中原。百里奚和蹇叔劝谏，秦穆公不听，派孟明视百里奚的儿子、西乞术蹇叔的儿子和白乙丙带兵偷袭郑国。晋襄公戴孝，命三军臂系黑巾，以先轸为元帅，率领大军出征。秦师全军覆没，三员秦将被俘。后来三将被放回，秦穆公对他们说："孤以不用百里奚、蹇叔言以辱三子，三子何罪乎？"追思百里奚等人的谏言，不胜懊悔。

后来，秦穆公又派孟明视等带兵东向，与晋军战于彭衙（今陕西白水东北），秦军再次失败。秦穆公三十六年（前624年），秦穆公亲自率兵讨伐晋国，渡过黄河以后，将渡船全部焚毁，表示誓死克敌的决心。

秦军夺得王官（今山西闻喜西）和郊。晋军不敢出战，秦军从茅津渡过黄河，到南岸崤地，在当年的战场为战死的将士堆土树立标记，然后回国。虽然此次出征战胜得以复仇，但晋军实力不堕，秦东进的路仍被晋牢牢地扼住，只得转而向西发展。

独霸西戎

秦穆公检讨了自己执政以来的过失，进一步整顿内政，及时改变战略方向，全力进攻西戎。西戎泛指秦国西边散布于广大地区的戎族国家。秦穆公向西发展，采取了比较谨慎的策略，先强后弱，次第征服。当时，西戎诸部落中较强的是绵诸（在今甘肃天水市东）、义渠（在今甘肃宁县北）和大荔（今陕西大荔东）。其中，绵诸有王，住地在秦的故土附近，与秦疆土相接。正好，绵诸王听说秦穆公贤能，派了由余出使秦国。秦穆公隆重接待由余，向他展示秦国壮丽的宫室和丰裕的积储，向他了解西戎的地形、兵势。又用内史廖的策略，挽留由余在秦居住。同时，给绵诸王送去女乐。秦国音乐舞蹈，使戎王大享眼耳之福。他终日饮酒享乐，不理政事，国内大批牛马死亡，也不加过问。等到绵诸国内政事一塌糊涂，秦穆公这才让由余回国。由余的劝谏，受到戎王的拒绝。在秦人的规劝下，由余终于归向秦国。秦穆公以宾客之礼接待由余，和他讨论统一西方戎族的策略。

公元前623年，秦军出征西戎，以迅雷不及掩耳之势，包围了绵诸，在酒樽之下活捉了绵诸王。秦穆公乘胜前进，二十多个戎狄小国先后归服了秦国。秦国辟地千里，国界南至秦岭，西达狄道（今甘肃临洮），北至朐衍戎（今宁夏盐池），东到黄河，这样，东从陕西、山西交界的黄河起，一直到遥远的西方，都为秦国所控制，秦穆公终于成为西方的霸主，史称"秦穆公霸西戎"。周襄王派遣召公过带了金鼓送给秦穆公，以表示祝贺。公元前621年，秦穆公死，他开创的霸业，为战国末年秦统一整个中国打下了基础。

第一章 犬丘氏

◎ 秦孝公：不离不弃

沮国之伤

秦孝公，嬴姓，名渠梁。公元前361至公元前338年在位。战国时代秦国有名的一位君主。秦孝公一生中干过两件大事：其一是迁都咸阳；其二是任用商鞅行变法。

公元前五六世纪，也就是春秋末年到战国初年，是社会大动荡、大变革的时代，奴隶制逐渐瓦解、崩溃，封建制迅速形成、壮大。在这种社会背景下，一些大的诸侯国顺应历史潮流，纷纷进行变法，即实行有利于新兴地主阶级利益的政策和措施，以达到富国强兵的目的。由于秦国地处关中，比较偏僻，与中原各国往来较少，所以当其他诸侯国因变法而强大时，秦国还保留着落后的奴隶制。公元前403年，晋国分裂为韩、赵、魏三个诸侯国。秦国在东面最强硬的对手是魏国，由于这时秦国仍然实行落后的奴隶制，所以在同魏国的作战中连连受挫。秦、魏两国原以黄河为界，河以西的地区归秦所有。但自公元前403年以后，魏军就逐步向秦进攻，蚕食秦国土地。

公元前361年，仅有21岁的渠梁正式登基即秦孝公。秦孝公即位不久，魏惠王就命令庞涓攻击秦国，以阻止秦国对中原的靠近。尽管此时的秦军战斗力已很强，但还是被名将庞涓击败，秦国的都城栎阳（今陕西临潼北栎阳镇）也被庞涓攻破。秦孝公被迫把都城迁回了秦国的旧都雍（今陕西凤翔南），以避庞涓的锋芒。

在孝公父亲秦献公改革的时候，秦国就形成了栎阳和雍东西对抗的格局。栎阳是秦献公的都城，是地主集团的势力中心；雍是秦国的旧都，是奴隶主集团的势力中心。此前,秦献公采用一国两制的折中办法,秦国的地主集团和奴隶主集团分居东西,已形成了对峙的格局,并在秦献公晚期,出现了水火不容的迹象。随着秦孝公回迁雍都,秦国两大集团的矛盾爆发了。秦献公朝有大量的地主出身的官员,此时也随着秦孝公进入雍都。雍都长期被压迫的地主势力与这批官员相交接,希望能够得到他们的支持。这些地主官员也希望得到当地势力的支持。雍本来是由当地的奴隶主控制的,秦孝公带着大批国家高级官员入雍,使雍的奴隶主们的权力空间受到很大的压缩。出身地主的高级官员凭借着权力优势,希望在雍实行地主经济模式,以使自己的势力能够在都城扎根。雍的奴隶主则希望把这些危险的客人赶走。于是,双方发生了严重的争斗。

对于眼前这种紧张的局势,秦孝公采取了转移矛盾的办法。他让雍都派的首领带兵反击东部的魏军,让栎阳派的首领带兵出击秦国西部的少数民族政权。这样双方不碰头,就减少了矛盾冲突的机会,这里可以看到年轻的秦孝公的政治手腕还是不错的。

内部的问题虽然暂时缓和,但国外的敌人仍虎视眈眈,秦孝公的父亲秦献公刚刚夺回的河西之地已被魏国抢走了。两年前,秦献公曾打败韩、魏、赵三国联军于石门的时候,斩首六万,血流成河,胜利的果实在孝公手里转瞬即逝;同时,秦国始终被视为蛮族,根本没有资格参与中原的会盟,不为各国重视,连权力被架空的周天子都不愿意搭理秦国。

河西之地被魏占领后,秦国的安全受到直接威胁,如果秦国不从根本上解决问题,将有亡国的危险。孝公觉得有愧先人,加上"诸侯卑秦,丑莫大焉"。于是在这一年,颁布了著名的"求贤令",只要是"能出奇计强秦者",都可以来秦国,孝公将重用他。

卫鞅变法

卫国人商鞅在秦孝公求贤的背景下来到秦国。他原是卫国破落贵族的后代,姓公孙,名鞅,因为他后来在秦国被封于商,所以也称他为商鞅。商鞅倡导以严厉的刑法治理天下，有革新政治的雄心壮志。公元前359年商鞅根据秦孝公的指示，拟定了变法令。

秦孝公六年（前356年），孝公任命卫鞅为左庶长，下变法令。新法施行没有几年，秦国就已道不拾遗，山无盗贼，家给人足。民勇于公战，怯于私斗，乡邑大治。秦孝公在第一次改革后，秦国的国力比秦献公时更富强了。秦孝公十年（前352年），秦国趁着魏国与齐、赵两国的大战，向东进攻魏国，一直打过黄河，占领了魏国的旧都安邑，收复了被魏国占领的河西之地。

秦孝公十二年（前350年），秦孝公进行第二次变法，并把都城迁到了咸阳（今陕西咸阳东北）。由于贵族中还有一些人因为与秦孝公的近亲关系，而屡屡犯法。秦孝公决定用至亲至贵之人试刀，以表明自己对违法者严惩不贷的决心。秦孝公十六年（前346年），太子驷犯法，秦孝公把太子驷绳之以法，交给卫鞅法办。此事立即传遍了雍都，人人都在关注。有很多人替太子求情，但卫鞅仍然坚持法办。卫鞅依照秦律法的规定，判定太子驷因法定年龄不足，由富有监护义务的太子师公孙贾和太子傅公子虔代罚。卫鞅依法判处公子虔劓，公孙贾黥。公子虔是秦孝公的异母哥哥，是秦孝公兄弟中最有威信的人，是秦国公室贵族的核心人物。公孙贾则是雍都的奴隶主贵族的领袖人物。当初，秦孝公为了安抚公室贵族和雍都大贵族，任命公子虔和公孙贾担任太子傅和太子师这两个极为尊贵的职务。而现在，秦孝公为了敲山镇虎，以处理太子的名义，将最难治理的公室贵族和雍都大贵族的代表人物法办，对推行秦国的法治起了很大的作用。

事后，太子驷的异母弟公子疾安慰太子驷，说卫鞅真是胆大包天，敢动太子。太子驷说，卫鞅只不过是父亲的一个傀儡，没有父亲的支持，卫鞅极易铲除。此次受罚，父亲并不是针对自己，自己只不过是面子上有些过不去罢了。

孝公的第二次改革，是一次更彻底的改革。很快，秦国又恢复了秦穆公和秦献公时的强大。秦孝公十九年（前343年），天子致伯。孝公二十年（前342年），诸侯毕贺。

商鞅方升

商鞅方升是秦孝公十八年（前 344）颁发的标准量器，秦统一后，在商鞅方升底部加刻了秦始皇二十六年诏书，继续做标准量器使用。商鞅方升的边上有一段铭文"爰积十六尊（寸）五分尊（寸）壹为升"，即以 161/5 立方寸的容积为一升，近年来经反复实测，得出此升容积为 202.15 立方厘米，将 161/5 立方寸和 202.15 立方厘米进行换算，得出 1 立方寸＝12.478 立方厘米，进而算出 1 尺＝23.2 厘米，这个数值，既是商鞅时的度值，也是秦统一后的度值。由于度量衡在使用中受到磨损，产生偏差，为此秦明令规定，每年都要对度量衡进行检验、校正。

秦孝公二十四年（前 338 年），秦孝公患不治之症，自知不久于人世。时商君鞅来探视，秦孝公以传国试之。商君鞅拒绝。在秦孝公时期，卫鞅是一人之下的重臣，此时已被封为商君。秦孝公以卫鞅大破魏将公子昂之功，封卫鞅为商君，赐给卫鞅商於十五邑，于是卫鞅又被称为商鞅。秦孝公担心自己死后，太子驷控制不了商鞅，反受其制。故以传国试商鞅，商鞅但凡稍有犹豫，有接受之意，秦孝公就会立刻除掉商鞅。秦孝公对杀死商鞅并不担心，只是不想担负诛杀功臣的恶名。

秦孝公在弥留之际，只留太子驷在身边，久久凝视窗外黄鸟。太子驷明白父亲的意思，轻轻吟唱黄鸟诗，秦孝公才放心地闭上了眼睛，时年四十三岁。秦孝公曾经送给他心爱的人一柄带着自己体温的短剑，上面没有任何华丽的花纹，只刻了八字"不移，不易，不离，不弃"。简单而决绝，正是他的风格。敢于承诺，然后是用尽自己全身气力坚持，这就是秦孝公四十三年的短暂一生。

黄鸟诗的暗喻

秦穆公死后，安葬于雍（今陕西凤翔东南），殉葬而死的有一百七十七人，其中包括子舆氏的三个儿子奄息、仲行、针虎。这三人十分善良、勇武，国人对此悲痛万分，赋《黄鸟》之诗，唱道："彼苍者天，歼我良

第一章　犬丘氏

人。如可赎兮，人百其身！"（《诗经·秦风·黄鸟》）意思是，青天呵，怎么将这么好的人给殉葬了？如果可以赎命，我们宁愿出一百条命将他们换回来！秦孝公死前吟唱黄鸟诗，也有以人臣殉葬之意，即暗示太子驷诛杀商鞅。

孝公死后不久，太子驷车裂了商鞅。太子驷就是后来的秦惠文王。商鞅变法是先秦最彻底的一场变革，它取消世袭的特权，规定按军公给予爵位和田宅奴隶。贫穷落后的秦国，一跃而成为当时各诸侯国中最先进、最富强的国家，为后来的统一六国开辟道路。

◎ 秦昭王：六国之屠

宣太后

秦昭襄王，秦武王之异母弟，名稷，史书简称他为秦昭王。秦昭王在位时，以白起为将，先后战胜三晋、齐、楚等国。随后秦昭王纳魏人范之谏，改行远交近攻的策略，又在长平之战大胜赵军，奠定了秦统一战争的胜利基础，到了秦昭王末年，秦地已半天下。然而，秦昭王在历史却不如秦始皇出名，很是让人奇怪。

公元前324年，秦惠文王称王，爱妾芈八子（楚国人，即后来的宣太后）产下一子，他就是后来的秦昭王，当时秦惠文王十分高兴，为这个儿子取名为稷，稷就是高粱，这是当时人们主要粮食作物之一，秦惠文王期望这个儿子未来能给秦国带来好收成。

公子稷幼年在燕国做人质，燕国是一个远离中原的落后国家，当时刚经过子之之乱、齐军入侵，此时燕国哀鸿遍野，疮痍满目。稷到燕国后，燕国正处于燕昭王只发奋图强的改革时代。燕昭王是稷姐姐的儿子，辈分上是稷的外甥，但燕昭王比稷大几岁。稷亲身经历了燕昭王复兴燕国、讨伐齐国的整个历程，在这里度过了自己的少年时光。他深受燕昭王人格的感染，可以说后来他将这种奋发图强、求贤若渴的精神传承到了秦国，两个相隔甚远的国家竟有如此联系，历史有时候真的很奇妙。

稷在秦武王死后归国，登基的时候还不满二十岁。

昭王兄长武王因为举鼎折断大腿暴毙，此后秦国内部政局不稳，不得不收敛对外的攻势，而此时山东六国拥有前无古人后无来者的军政奇才乐毅、赵奢等人，这个时候秦国面临着很大的被动。战国时代国运不始终者比比皆是，魏国和齐国的霸权便终结于魏惠王与齐湣王之时，秦国的强大是否也是昙花一现呢？二十岁的昭王面临严峻的考验。

秦武王绝胫而死

秦武王，名荡，秦惠文王之子，十九岁即位，在位仅仅四年。秦武王英武雄壮，魁伟多力，他的力气很大，好与人角力为戏。

秦武王四年（前307年）八月，秦武王来到周天子所在的洛阳，周赧王小心接待。秦武王荡欲激周王与己斗，以杀之。饮酒中，秦武王要借周天子的九鼎玩耍。周的九鼎代表华夏九州，是周王朝的政治象征，武王借来玩耍，其挑衅之意已明。周赧王心中大怒，因使人取龙文赤鼎，激秦武王举之。龙文赤鼎内多含黄金，比普通的鼎要重很多。秦武王等鼎一沾手，立知周赧王使诈，又悔又怒，但还是凭借神力一举成功。可惜，龙文赤鼎过重，将秦武王的髌骨压碎。秦武王还没来得及回到秦国，几个月之后就死在了洛阳。他的墓在其父墓旁边，即今天陕西省咸阳市五陵原上的周陵乡的公陵（秦惠文王）、永陵（秦悼武王），这两个陵墓一直被认为是周文王和周武王的墓，所以当地也被称为周陵。

秦昭王即位之初，其母宣太后当权，贵族外戚骄横，大权旁落。秦昭王只是秦武王的异母弟，本无可能继位。秦武王举鼎绝膑而亡，秦武王无嗣，惠文后欲立自己的儿子公子壮，宣太后欲立自己的儿子公子市。结果在魏冉（宣太后之弟）的支持下，宣太后取得了胜利，突然赵国大

第一章 犬丘氏

军压境,要求迎立宣太后的长子、远在燕国为质的公子稷为新的秦王。毕竟都是自己的儿子,宣太后屈服了,但其他的宗室却不服气。秦昭王即位一年后,秦惠文王太后和公子壮起兵夺位,秦昭王不得不借助魏冉等外戚之力,方得平息叛乱,巩固王位。当时的形势外戚掌握大权是必然的,秦昭王初年即由其母宣太后当权,外戚魏冉为相,史称"王少,宣太后自治事,任魏冉为政,威震秦国"。

军事奇才魏冉

魏冉,即穰侯,原为楚国人,秦昭王舅舅,宣太后异父弟。从惠文王时起,就任职用事。秦昭襄王立,他受任为将军,警卫咸阳(今陕西咸阳东),因食邑在穰(今河南邓县),号曰穰侯。一生四任秦相,党羽众多,深受宣太后宠信。曾保举白起为将,东向攻城略地,击败"三晋"和强楚,威震诸侯。公元前284年,秦、韩、赵、魏、燕五国,合纵破齐,魏冉夺取陶邑(今山东定陶西北),为己加封。由于专权跋扈,人心不附,公元前266年,被秦王罢免,由范代相,后死于陶邑。

这种大权旁落的局面对羡慕和继承了燕昭王风格的秦昭王来说,是难以忍受的,他决心改变这种情况。秦昭王夺回权力的第一步是退让。他尊重母后宣太后的地位并学习其治国才能,最终得到宣太后的承认和支持。秦昭王知道要想亲政,不光是一个动机问题,也是一个能力问题,必须得到宣太后对自己政治能力的认可。

秦昭王的母后宣太后不是一个寻常人物。她政治才能身份特殊,为人极为精明,经历过秦孝公、秦惠文王和秦武王三代秦王,对如何当好一个君主,有着别人无法相比的丰富经验。

面对强者,必须以心悦诚服、虚心求教的态度来与他相处。宣太后本人秉守功利主义原则,无视任何道德规则,毫无信义可言,曾经诱杀过大国君主楚怀王,当时震动列国。宣太后这种为达目的不择手段的做法对昭王的后期执政有很大的影响。

更为实际的是,秦昭王知道,只有借助母后的名义,才能控制强大的外戚势力，比如在军队中享有崇高威望的舅舅魏冉，以及他的追随者白起。

同时，秦昭王也在为太后百年之后自己执政埋下伏笔。他让自己的叔叔严君疾担任相国，魏冉只担任将军。严君疾（樗里疾）是三朝老臣，他不属后党，这样的人事安排可以削弱后党代表人物的势力和影响，给昭王以居高临下驾驭的方便。

智囊樗里疾

樗里疾（？－前300），战国中期秦国名将。秦惠文王异母弟。名疾，因居樗里（一说楮里）而称樗里疾。为人滑稽多智，秦人称之为"智囊"。周显王三十九年（前330），为右更，率兵伐魏曲沃（今河南三门峡市西南），逐城中人而据其地。周慎靓王四年（前317），为庶长，率秦军败韩、赵、魏联军于修鱼（今河南原阳西南），虏韩将申差、鲮，斩首八万余，韩太子仓入秦为质。周赧王二年（前313），攻取魏地焦（今河南三门峡市西）、曲沃（今山西临分盆地南部）；又败韩于岸门（今河南许昌西北），斩首万人。同年任将攻赵，虏赵将赵庄（一名豹）于拔蔺（今山西离石西）。周赧王三年，助秦将魏章攻楚，败楚将屈丐，取楚汉中地，因功受封为严君。同年，又助魏攻齐，虏齐将声子于濮水之上。周赧王六年，秦初置丞相，樗里疾为右相。周赧王九年，与甘茂攻魏地蒲（今河南长垣），不克。又与楚攻魏皮氏（今山西河津西），后魏以公子质于楚，楚因而叛秦，樗里疾遂诈称将以地献楚，令楚还魏太子，而暗与魏合兵败楚。周赧王十五年，卒于秦。

宣太后经过长时间的观察后，觉得秦昭王已经有足够的智慧和耐心执掌实权。最后，宣太后把秦国政治斗争中最重要的谍报系统移交给了昭王。随着时间的推移，秦昭王成功地使自己成为了一个真正的君王。秦昭王四十二年，宣太后薨，魏冉谪于陶地。

远交近攻

光有解决内部斗争的能力还不算一个合格的领导者,要名垂青史,就要有成就。

公元前271年,魏人张禄来见。张禄就是范雎的假名,范雎是当时天下有名的辩士。秦昭王感觉张禄辩才不在张仪之下,又见张禄以宣太后和穰侯魏冉专权来说自己,就决定要利用范雎出头对抗魏冉等人。秦昭王拜张禄为客卿。在魏冉到陶地后,秦昭王便起用范雎为相。范雎用郑安平、王稽等人压制白起。秦昭王为了建立威信,全面掌握军权,决定进行一系列重大军事行动。

提出远交近攻战略的范雎

范雎,字叔,战国时魏国人。早年家境贫寒,后出使齐国为秦魏中大夫须贾所诬,历经磨难后辗转入秦。公元前266年出任秦相,辅佐秦昭王。他上承秦孝公、商鞅变法图强之志,下开秦皇、李斯统一帝业,是秦国历史上继往开来的一代名相,也是我国古代在政治、外交等方面极有建树的谋略家。李斯在《谏逐客书》中曾高度评价范雎对秦国的建树和贡献:"昭王得范雎,强公室,杜私门,蚕食诸侯,使秦成帝业。"

秦昭王初即位的时候,齐国经齐威王任用邹忌、田忌、孙膑等政治军事家,国势兴隆,桂陵、马陵两战的胜利使之成为头等强国,至齐宣王时,已是威震诸侯,势力最强,齐国在天下诸侯中率先称王。楚国是七国中疆域最广阔的大国,到楚威王时国力复振。特别是公元前306年,楚怀王灭越,秦秋时属吴、越两国的大片土地和众多人口归入楚国,实力再增,成为仅次于齐的强国。赵国在武灵王治理下,"胡服骑射",励行政革力量发展较快,并在秦昭王十六年(前291)灭掉中山,在军事上成为强国。魏、韩则在不断的战争中被削弱,降入二等国之列。燕国是七雄中最弱小的一国。这就是秦昭王所面临的局势。

昭王利用矛盾，制造矛盾，离间分化，在几十年间，灵活应用远交近攻和近交远攻相结合的策略，给予以齐、楚、赵为代表的东方各国以沉重甚至致命的打击，使之丧失独自与秦抗衡的实力而严重衰落。

公元前298年，秦国以一纸书信，诱骗楚怀王入秦并将其扣留，以之为质要挟楚交献土地未遂，便发兵取析（河南内乡西北）共十五城，斩首五万。秦昭王十一年（前296），经苏代策划，齐、韩、魏、赵、宋五国攻秦，秦主动采取以土地换和平手段，归还魏的封陵与韩的武遂，化解这次军事行动。同年楚怀王死于秦，楚秦关系进一步恶化，但楚国老王刚死，新王初立，自顾不暇，无力复仇。秦昭王抓住良机，次年予楚粟五万石稳住楚国，转而反击韩魏联军。公元前293年，秦在伊阙给韩魏联军致命打击，歼敌二十四万，继而攻占韩魏数城，迫使魏割让河东四百里，韩割让武遂二百里予秦。这次新占的宛（今河南南阳）、邓（河南省孟县）均为冶铁中心，秦军武器得以更新提高，军力更为壮大。

伊阙之战

伊阙之战是战国时代时秦、魏、韩三国间的战役。公元前293年，秦昭王的将军白起在伊阙（今河南省龙门石窟附近）击败魏韩联军，俘虏魏国将军公孙喜。相传此战是白起成名的战役，斩首二十四万。

此后几年秦连续对魏韩用兵，占魏六十一城，迫使魏献出旧都安邑。后来多次攻打三晋进一步削弱三国国量，扩大版图，增强实力。接着，将打击矛头指向最强的齐国。齐与秦无疆界关系，无直接军事矛盾，但弱齐有利于秦的近攻策略的实行。

秦昭王二十八年（前284），秦改而奉行近交远攻打击强齐，利用东方各国矛盾，参加燕国发动的对齐战争。燕、赵、韩、魏、秦在济西（济水以西，今山东省卿城以南地区）击溃齐兵，攻克齐都临淄，齐国失陷七十余城，几乎亡国。此战，秦出力不多，济西告捷后即撤军，但从战略分析，得利最大，虽未占城掠地，却使齐国从此一蹶不振，给秦以后就近击破各邻国创造了有利的战略环境。

君王和将军

齐国衰落后，就剩下赵国横在秦国面前，赵国当时十分强大，与秦国大战五次，三胜两负，是列国中对秦唯一占上风的国家，而且，赵武灵王曾有恩于秦昭王。当年，赵武灵王野心勃勃，在宣太后战胜惠文太后和公子壮后，以强大的军势逼迫秦国同意让远在燕国为质的秦昭王回国即位，随后赵武灵王让相国赵固到燕国迎接秦昭王回国。但国家利益重于私恩，秦向东迅猛进展的结果便与赵发生冲突，为了稳住赵国，秦昭王一面派白起攻下了赵国一些城池，一面和赵国国君会盟于渑池。

在这个过程中，出现了赵国要与秦争夺韩上党的事件。秦昭王命秦上党将王龁避免与赵军发生冲突，全力灭掉韩魏后，再与赵国决战。秦昭王四十七年，赵将廉颇攻击王龁，为王龁所败。赵王命赵括取代廉颇，击败王龁，秦国占领的上党告急。韩上党若为赵括占领，秦国在黄河北岸的河东地区和在黄河南岸的函谷关以东包括陶在内的大片土地都有被赵军占领的可能，秦国不得不掉转进攻方向，放下黄河南边的韩魏，与黄河北边的赵国进行决战。秦昭王将在野王（今河南沁阳）一带准备攻击韩国都城新郑和魏国都城大梁的主力部队白起军调到韩上党迎击赵括。魏冉的部下白起第一次接受秦昭王的直接指挥。

秦昭王的部署实际上已经使他个人立于不败之地，政敌白起实际上面临着与赵括的一场两败俱伤的消耗战。范雎早就看出秦昭王的用意，让郑安平做好接替白起的准备。郑安平不解，范雎说，上党巨战，白起胜了，功在昭王，从此秦国的军权就被昭王掌握了。到时候，白起功高震主，秦昭王必会撤换他，用你为将。如果白起败了，秦昭王正可以解除白起军权，秦昭王还会用你为将。所以说，无论白起胜负，秦昭王都已稳操胜券。

公元前260年，白起与赵括在长平地区（今山西高平西北）各调集百万大军进行了一场史无前例的巨战。结果赵军伤亡七八十万,秦军也伤亡六十来万,至此,东方三强国都受到严重创伤,韩、魏更加衰弱,秦已无强硬对手,统一战争的重大障碍已被扫除。

长平之战后,秦军虽然占领了整个河东地区,但由于当时秦国消耗的人力和物力要远远多于赵国。已经无法再攻击赵都邯郸的。

长平战役

长平战役是中国战国时代的一场大规模野战。战役前后耗时3年,以秦军胜利、赵军失败而告终。是役秦军前后杀死赵国军人四十五万,被后人认为是战国形势的转折点。自此战后,其他的诸侯国均不再有对抗秦军的实力。秦统一中国的战争从而只剩下时间问题。

田单防守的邯郸十分牢固,城中驻有几十万精锐赵军和大量粮草,邯郸外围还有几支机动部队协助防守。但在这个时候,魏冉去世了。秦昭王考虑,秦军战线过长,供给困难而且消耗已经过大,邯郸不可猝拔,如果这个时候韩魏进攻秦国,秦国就有可能遭受大败的厄运。秦昭王四十八年年底,秦昭王命令秦军大部收兵,留一部秦军继续攻邯郸。秦昭王把陶的精兵调回国内,填补空虚。

长平之战后,秦昭王对秦军的将领做了很大的调整,白起被搁置。在此期间,秦军中与白起最为交厚的王陵、王龁等将领先后被派往邯郸战场,但均告失利。秦昭王于是使范雎请白起,白起认为攻邯郸的难度要远在长平大战之上,以目前的人员配备和战略部署,邯郸城下就是秦军的坟场。而且,白起已经看出秦昭王是忌惮自己军权过重,想把攻邯郸这么一个烫手的山芋抛给他,借机削夺他的兵权,于是以病推脱。而在此期间,秦昭王已经在秦军中安排了大批自己选拔的将领,原来魏冉、白起系统的将领也有很多倒向了秦昭王。因此当秦昭王命范雎请白起为将攻邯郸遭到白起再次拒绝时,秦昭王大怒,以白起屡次拒绝王命为由,夺武安君封号,贬为士卒迁往阴密(今甘肃灵台西南)。白起居咸阳三月不行,徒众越集越多,与军中将领也有交接。秦昭王见白起反势日盛,

第一章 犬丘氏

派人强令白起上路。白起上路没走多远,就被秦昭王派遣的使者军逼迫自杀。

秦昭王在除掉白起后,命郑安平为将,代白起去邯郸。郑安平是魏国人,是范雎的挚友,为范雎举荐,也是当时的一位名将。在邯郸战场,多为白起旧将,不听从郑安平的指挥,秦军被田单和来救的魏国信陵君、楚国春申君包围分割。郑安平被围,无人去救,被迫降赵,几支秦军也先后被歼。至此,魏冉、白起系统被秦昭王全部消灭。

秦昭王五十二年,与范雎交厚的另一位秦国重臣,河东郡守王稽被指控有通敌嫌疑,被秦昭王处死。举荐王稽和郑安平的范雎负有举人不当,与王稽郑安平同罪的责任,被迫自杀。这样秦昭王消灭了秦国的最后一位权臣。此前,秦昭王压制魏冉与白起,多让范雎出面,秦国百姓对范雎很怨恨。范雎死后,秦国百姓皆夸秦昭王圣明。

秦昭王很早就开始严格地实践着我们现在提倡的"依法行政"的概念。一次,秦国爆发大饥荒。这个饥荒实在闹得很厉害,以至于范雎连建议:"秦国动植物园(五苑)里,蔬菜、橡子、枣栗,足以救活民众,请开放五苑,任凭老百姓来采吧。"但是秦昭王摇摇头说:"我们秦国以法家治国,我们有一条基本法令,无功不赏。今若散发五苑蔬果,那是无功与有功俱赏,不是乱法之道吗?法乱了,国家也就亡了。再想想别的办法。"秦昭王刻苦实践着先贤商鞅的以法治吏、以法治民的原则,以法治而不以人治来管理国家,同时,他还遵循法家先贤的思想,实行着"功不覆过"的原则。也就是说,作为国家的将相,如果以前立过功,但是现在犯罪了,照样依法处置,根本不能将功抵罪。这就是为什么白起从前立了那么大功,但最后在邯郸大战中表现消极,秦昭王就依律处死了他。如果按将功抵罪的话,白起应当是可以免死的。但是秦国不搞这种政策。同样,范雎也为秦国立有翻天覆地的大功,最后因推荐郑安平、王稽失误而被杀。

— 23 —

依法行政的秦昭王

《韩非子》中提到，有一次，秦昭王闹病了，人民群众都很惦记他，有一个区（叫作"里"）的居民就杀牛给神仙看，为秦昭王祈祷。群臣入贺说："大王，恭喜您啊，百姓都很爱您啊，正在为您杀牛祷告呢！"秦昭王说："这帮人犯法了！牛只有腊月祭祀的时候才能杀，这是法令规定的。现在不是时候，杀什么牛！他们是很爱寡人不假，但是寡人因此就修改法律，以徇私于他们，那就是'法不立'（意思是有法但不按照法律写的办）。有法不依，是乱亡之道啊。"于是，按照法令，秦昭王罚了"里正"（相当于居委会主任）两副铠甲。

于是，在这种氛围下，秦昭王对国家的治理成效显著，在当时口碑甚好。大思想家荀况考察了秦国社会状况后，在《荀子·强国》中对秦昭王治理下的秦国吏治民风等给予很高评价。他高度赞扬秦国民风淳朴，官吏恭俭忠信，不营私结党，官府办事效率高等，夸奖秦的治理是最好的，所谓"治之至也"。可见秦昭王时国内政治廉明高效，社会风气淳朴恭俭，所以秦国不断取得各种胜利是必然的。当然这是几代君主努力的结果，这时秦昭王已执政四十余年，他的贡献也是至关重要的。昭王还是一个做事很冷静的人。在完璧归赵的故事里，昭王完全依从蔺相如提出的要求，斋戒，沐浴，更衣，换正式的大厅接见了蔺相如，但是蔺相如还是将和氏璧先期放回了赵国，在满朝文武非常激愤，要求杀了蔺相如，唯独昭王站在了大局的角度，认为现在即使杀了蔺相如也于事无补，而现在最重要的是不绝秦赵之欢（当时秦国要攻打楚国，先要和赵搞好关系），便放了蔺相如。

秦昭王五十六年（公元前251年），七十三岁的稷去世，子安国君柱即位。秦昭王在位的五十五年，是历代秦君中在位期最长的一位。在最后七位秦君王中，他统治的时间超过了前任的孝公、惠文王、武王的总和，也超过了后面的孝文王、庄襄王和始皇帝的总和。他在政治军事诸方面都建立了卓越的功勋，特别是军事方面的成就，即使较之始皇帝也毫不逊色，为秦国的发展做出极为杰出的历史贡献，秦昭王时代是秦国发展史上最重要的决胜时代。虽然晚年他独裁专断造成若干损失，听信应侯之言，丧失灭赵良机，冤杀名将白起，这些都不能掩盖他的历史功绩，也不能掩盖这个时代秦国在各方面突飞猛进的事实：楚、齐、赵三强被秦严重削弱，楚、赵几乎被灭国，"韩王入朝，魏委国听令"，韩国君主亲自入朝拜叩（或朝见）秦王，魏国也举国服从秦国。秦对六国战争取得决定性胜利，秦统一天下的趋势已不可逆转，这个时代是秦的强盛期和决胜期，是秦统一大业的奠基时期。其后诸王，在此基础上巩固胜利扩大战果，是秦昭王统一事业的继续，是水到渠成的收获期。总之，在消灭六国的斗争中，秦昭王时代是和秦孝公时代、秦王嬴政时代（称帝前的时期）并驾齐驱的极为重要的朝代。

后世遗踪

秦帝国崩溃时，嬴氏嫡系在内讧和战乱中被杀尽，庶出者纷纷隐姓埋名，大部分遂以国名为姓氏，称为秦氏。这便是陕西秦氏。秦姓是当今中国姓氏排行第七十八位的大姓，人口较多。秦姓有许多名人，在孔子的弟子中，有四位是姓秦的，他们分别是鲁国的秦非、秦冉、秦祖和楚国的秦商。战国有名医秦越人，即扁鹊，著有《疗痛疽诸疮方》两卷。东汉有著名诗人秦嘉。唐时有名将秦琼，有咏出"苦恨年年压金线，为他人做嫁衣裳"等名句的秦韬玉，名士秦景通、秦兄弟。宋时有著名数学家、天文学家秦九韶，诗人秦观、奸相秦桧。元代有戏曲家秦简夫。明代有女将军秦良玉。清有太平天国将领秦日纲。近现代有政治家秦邦宪，作家秦牧。另外，今天的赵、徐、黄、江、费也有源自嬴姓的。总之，当今中国直接称嬴姓非常罕见。

第二章　赵氏春秋

宋代编写的《百家姓》将赵姓列为全国首姓，是因为赵姓是宋朝的国姓。据专家考证，赵姓是当今中国的第七大姓。赵字的本义，看看繁写的赵字就明白了。"赵"繁体字写作"趙"，汉代许慎在《说文解字》中释其义："趍赵也，从走，肖声。""赵"趋也，从肉小声"，"走"与"肖"二字结合为"赵"字。所以，赵的含义即是亲近的随从仆人。赵氏祖造父本姓嬴，与秦国氏同宗。周穆王赐这个赵姓时，实际上是在羞辱嬴氏。因为当时有嬴氏国家涂国的偃王反周，赵氏祖造父竟然助周亡涂，但周穆王还是不放心这个嬴氏后人，就用了一个有"仆人"之义的赵字来拴着赵人。意思是你们姓赵的，永远都是我周王朝的奴仆。而私下，嬴氏之后称夏周之族人为姬孽，以示不忘祖宗之仇。

代表人物：赵文子（赵武）　赵简子（赵鞅）　赵襄子（赵毋恤）
对政局影响：参与三家分晋，建立赵国，为战国时期七雄之一。
溯本追源：东夷部落鸟夷人之后
后世遗踪：赵武灵王之后，赵国一度与强秦分庭抗礼，秦军大破赵军于长平，坑降卒四十余万，赵氏遂一蹶不振。

◎ 赵文子：赵氏之孤儿

赵国嬴

赵氏祖先是以狩猎、牧畜为主的游牧氏族。它出自嬴姓，与秦国嬴姓同祖。赵氏的祖先是伯益，具体始祖是造父。造父是伯益的9世孙，是西周时有名的驾驭车马的能手，传说他在桃林一带得到8匹骏马，调训好以后献给周穆王。周穆王配备了上好的马车，让造父为他驾驶，经常外出打猎、游玩。

有一次西行至昆仑丘，见到西王母，乐而忘归，正在这时听到了徐国徐偃王造反的消息，周穆王非常着急。在关键时刻，造父驾车日驰千里，使周穆王迅速返回镐京，及时发兵，平定了叛乱。由于造父立了大功，周穆王便将赵城（在今山西洪洞县北）赐给他，自此以后，造父族称为赵氏。

西王母

西王母，俗称王母娘娘，是中国最古老的女性神祇，早在殷商卜辞中，就有"西母"之称，有神论者认为这指的就是西王母。在上古巫书《山海经》中，西王母以半人半兽的形象出现，显示出浓厚的图腾色彩，同时也具有某种刑杀之神的气质。《穆天子传》中也提到了西王母，但是更多的是以远方异族部落领袖的身份出现的，其中西王母与穆王相会饮于瑶池的情节被后世继承，成为《汉武故事》《汉武帝内传》等书的中心情节。

西王母信仰中包含的不死理念也投合了人们对长生不老的追求，最终影响到孕育中的早期道教。

徐偃王逃战

徐偃王，西周徐国的诸侯，建都泗水，生活在公元前1000年左右，他趁周穆王赴瑶池会西王母之际，率军西进，紧迫黄河。周穆王"畏其方炽，乃分东方诸侯命徐偃王主之"。（见《后汉书·东夷传》）管辖500里范围。徐偃王对下属以仁义相待，有6个诸侯向他朝贡臣服。后来周穆王命造父联合楚文王进攻徐国，徐偃王主张仁义不肯战，遂败逃，数万百姓感其义跟随。徐偃王临终曰："吾赖于文德，而不明武务，以至于此。"（见《说苑》）徐偃王逃往何处，众说纷纭。史籍记载说他死于彭城武原县（今江苏邳县）东山。但据一些地方志，如《郡国志》《太平寰宇记》《大明一统志》等记载，徐偃王不是败退彭城东山，而是南逃浙江。

造父六世曰奄父，奄父生叔带，因周幽王无道，离开周王室去晋国，为晋文侯车夫，这样，赵氏便进入晋国，他的子孙臣事晋为大夫。周威烈王时，与韩、魏分晋，列为诸侯，开国君主赵烈侯（名籍）是晋大夫赵衰的后代，建都晋阳，后迁都邯郸，战国时为七雄之一。赵姓归以国名为氏的一类。

赵氏迁至晋国后，六世而至赵衰。晋文公重耳因骊姬之乱出奔，流亡在外19年，赵衰一直相随。流亡期间，赵衰在生活上照顾重耳，路上携带饭食，走散了自己都宁肯饿着也不吃，留着给重耳吃。在归国谋位的大业上，更是费尽心机，帮重耳出谋划策，甚至于胁迫重耳成就大事。重耳流亡到齐国，齐桓公待他甚好，给他安家，使他过上舒适的生活。重耳一住5年，不愿离去。赵衰与咎犯等人密谋，把重耳灌醉，抬上马车，又开始周游列国，寻求帮助，终于使他成为晋国国君。赵衰立此大功，赵氏由此成为晋国六卿之一。

骊姬之乱

骊姬是晋献公晚年最宠爱的一个妃子。她为了立自己所生的儿子奚齐继承君位，贿赂晋献公宠信的大夫梁五和东关嬖五，让他们说服晋献公把他的其他儿子申生、重耳和夷吾驱离京城。晋献公让太子申生住在曲沃（今山西闻喜县东），重耳住在蒲城（今山西隰县西北），夷吾住在二屈（今山西吉县）。两个大夫借用保卫国家安全的名义来阻止晋献公的长子当国君。

公元前656年，骊姬施展阴谋，陷害太子，让他把用来拜神的肉和酒拿回来献给他父亲。骊姬在酒肉中偷偷下了毒却告诉晋献公太子下毒于是晋献公把肉给狗吃，狗毒死了，就以为是太子想谋杀他，太子被绞死。骊姬野心勃勃，又陷害太子的弟弟重耳和夷吾，晋献公攻打蒲城讨伐重耳，重耳带着贤士逃走，开始了十九年的逃亡生涯。

赵氏孤儿

赵武，又称赵孟，生于晋景公三年（前597年），卒于晋平公十七年（前541年），谥文子，春秋时代晋国的执政大夫。

赵氏为晋国世族，其曾祖赵衰为晋文公时大夫，曾辅佐文公成就霸业。其祖父赵盾（赵宣子）作为晋国的执政大臣，历事襄公、灵公、成公三朝。

晋襄公崩时，赵盾等拥立晋襄公之子夷皋，是为晋灵公。晋灵公荒淫无道，赵盾多次直谏。灵公欲杀赵盾。九月，灵公同赵盾饮酒，埋伏甲士欲杀赵盾，部下提弥明以死相救，赵盾逃出晋都。乙丑日，赵穿（赵盾的族弟）杀灵公于桃园。赵盾回到都城，迎立公子黑臀为君，是为晋成公。此次行动使赵氏逃过劫难，但也为以后赵氏埋下巨大隐患，晋太史董狐将此事记为"赵盾弑君"，赵盾也无法抹去。

董狐

董狐，春秋晋国太史，亦称史狐。周大史辛有的后裔，因董督典籍，故姓董氏。昏君晋灵公夷皋为执政大臣赵盾族弟赵穿所杀后，董狐以"赵盾弑其君"记载此事，并宣示于朝臣，以示笔伐。赵盾辩解，说是赵穿所杀，不是他的罪。董狐申明理由说他为执政大臣，在逃亡未过国境时，原有的君臣之义就没有断绝，回到朝中，就应当组织人马讨伐乱臣，不讨伐就未尽到职责，因此"弑君"之名应由他承当，这是按写史之"书法"决定的。

董狐之直笔，成为我国史德传统中最为高尚的道德情操。

晋景公时，赵盾病逝，子赵朔续爵，晋灵公当年的宠臣屠岸贾如今又摇身一变，担任司寇，为了控制晋国政权，屠岸贾决计首先消灭赵氏势力。于是就借口赵穿曾刺杀晋灵公，其责任在于赵盾，便背着晋景公擅自发兵攻打赵氏于下宫，诛杀了赵朔等人，灭了赵氏全族。

传说，早在赵盾独揽晋国朝政之时，其先人"去周如晋"的叔带就曾托梦给赵盾。赵盾梦见叔带抱着他的腰痛哭，非常悲伤，之后又大笑，还拍着手唱歌。赵盾为此进行占卜。龟甲上烧出的裂纹中断，可后边又好了。赵国一位名叫援的史官判断说："这是一个大凶的梦兆，不是应验在您的身上，而是在您儿子身上，可也是由于您的过错。到您孙子那一代，赵氏家族将衰落。梦中所见先人甚悲之后，复笑，并歌，说明赵姓家族绝处逢生，天意不绝赵姓。"赵盾逝世后，屠岸贾即谋划诛灭赵氏。晋景公三年，屠岸贾任晋司寇，掌管全国刑狱、纠察之事。赵盾在世时，屠氏畏于赵盾的声望，不敢贸然兴乱。赵盾死后不久，屠氏即以追查弑杀晋灵公之事为由，欲杀赵氏。晋军元帅韩厥出面为赵氏说话，认为晋灵公被杀时，赵盾已逃亡到晋国边境，先君晋成公时以为无罪，故未追究，说明赵盾无罪。屠氏则说，史书都记上了赵盾弑其君，赵盾自然有罪。

韩厥见屠岸贾决意要消灭赵氏，于是暗中告知赵朔，要其率族逃难。赵朔得报后，却不肯逃跑，并告之其父赵盾之梦，并说："此乃天意，我如避难，后人难脱。天意终将不会绝赵氏。"于是托韩厥保护夫人腹中的遗腹子。晋军元帅韩厥当即对天发誓，一定保护赵朔的遗腹之子。

韩厥如此为赵氏尽心尽力，实乃衷心感激赵盾的提携之恩。赵盾在世独揽晋国朝政之时，晋国与秦国在河曲打了一次大战，史称河曲之战。此次大战，赵盾亲任晋军元帅，并推荐韩厥任中军司马，负责军法之事。赵盾早就看中了韩厥的人品与才华。韩厥担任军队的军法执行官后，在河曲之战中，赵盾又故意考验他，故意派给自己驾车的车御驱战车扰乱军队的行列，韩厥毫不留情地按军法论处，把元帅的车御给斩了。于是全军将士议论纷纷，说韩厥这样太对不起赵盾元帅了，打狗还要看主人，何况杀一个车御。大家都认为韩厥决无好结果，元帅早上提升你的官职，晚上你就宰了元帅的近臣亲信，元帅还会放过你吗？然而，事情的结果大大出于众人的预料。赵盾不仅没有责备韩厥，反而将其请进元帅府，给以盛情款待，并对韩厥说："古人云'举贤任能'，特别是军事绝不能任人唯亲。我在君主面前推荐你担任这一重要职务，又怕你担当不起；要是推荐的人不称职，我又怎么能向君主交待呢？所以我考验了你一次，你经受住了考验，今后事事照着这样办，将来就可接我的班掌握晋国的军政大权。"韩厥果然不负所望，当了二十多年的军司马，又升任军将，干了十多年，最后做了七年元帅。

　　赵朔的妻子是晋成公的姐姐，当时怀有身孕，逃进王宫躲避。赵朔的一位门客名叫公孙杵臼，杵臼对赵朔的朋友程婴说："你为什么不死？"程婴说："赵朔的妻子有身孕，如果有幸是男孩，我就奉养他；如果是女孩，我再慢慢去死。"过了不久，赵朔的妻子分娩，生下男孩，这就是赵武。门人杵臼、程婴大喜，认为这是天意不绝赵姓之裔。谁知屠岸贾竟探得了赵朔有遗腹子出世的消息，于是率兵到宫中去搜查。赵朔夫人将婴儿放置于妇人的长袖之中，祷告说："赵氏宗族要是灭绝，你就大哭；如果不会灭绝，你就不要出声。"搜查到这里的时候，婴儿竟然没有声音。

　　搜兵撤走后，程婴对杵臼说："今日屠氏搜不出赵氏孤儿，今后必定还会复来，小孩终将难避灭身之祸，赵氏终有断裔的危险。"公孙杵臼说："扶立遗孤和死哪件事更难？"程婴说："死很容易，扶立遗孤很难啊。"公孙杵臼说："赵氏的先君待您不薄，您就勉为其难吧！我去做那件容易的，让我先死吧！"

两人于是商议了一个偷梁换柱的办法，由杵臼找了一个穷人的弃婴，用赵氏的锦袍包着放在山中一个洞中，自己在婴儿旁做出精心哺育之状。这时，程婴则去对屠岸贾说："我程婴没出息，不能扶养赵氏孤儿，谁能给我千金，我就告诉他赵氏孤儿藏在哪里。"屠氏大喜，马上赏程婴千金，程婴也就装着奸佞小人一样，带屠氏等人找到了杵臼躲藏的山洞。杵臼见程婴将屠氏等人带到，于是显出无比义愤的样子，大骂程婴为贪财小人，并抱婴儿大哭，与婴儿同死于乱刀之下。

由此之后，程婴遭到正直之人的唾弃与斥责，程婴忍辱负重，不忘扶赵氏之责。程婴的难处与实情，韩厥一清二楚。一日，韩厥避开众人耳目，将程婴与赵氏孤儿接于元帅大府之中。又为了安全起见，将程婴与赵氏孤儿送于一隐蔽之山洞，等待时机，兴赵氏之基。

十五年后，赵武十五岁，晋景公忽患大疾，久医不愈，于是请卜者卜之。韩厥认为时机已到，于是串通卜者。卜者原与赵朔为旧友，也有意为之，于是在景公面前卜了一卦，曰"大业之后不遂者为祟"。意思是说，大业在晋的后裔因冤狱未申，其阴魂不散，致使景公患疾；只要为受辱的鬼魂申了冤，其病就不治而愈。大业与大禹治水有功，其后有秦赵两姓，在晋国只有赵姓，卜者的意思非常明白，即要复赵姓的采邑与爵位。晋景公于是向韩厥打听赵姓是否还有后人，韩厥具以实告。于是晋景公乃与韩厥谋立赵氏孤儿，将孤儿接来藏匿宫中，并择吉日，借韩厥兵权之力拜赵氏孤儿与程婴为将，率大军攻杀屠岸贾，灭屠氏宗族。晋景公为赵氏昭雪，平反了冤狱，发兵攻灭屠岸贾，并尽灭其族，立赵武为大夫，恢复了赵氏的土地封邑。

待赵武成家出嗣后，赵氏宗族复兴有望，程婴乃辞去大夫爵号，并对赵武说："今日你已成人，复故位，我也应下地去告慰你父亲赵朔和杵臼君，以让他们早日瞑目于黄泉。"赵武听了，仍啼泣顿首，请程婴不可忍心离己而去。赵武啼哭叩头，坚持请求说："我宁愿使自己筋骨受苦也要报答您一直到死,难道您忍心离开我去死吗?"程婴说:"不行。杵臼认为我能完成大事,所以在我以前死去;如今我不去复命,就会以为我的任务没有完成。"说罢,挥刀自尽。为感激程婴扶赵姓之功,赵武为其服丧三年,为之祭祀,每年春、秋两季,各祭一次,世世勿绝。直至唐宋之际,"河东(今山西省)赵氏祠先人,犹别舒一座祭二士矣"。所祭二士,即程婴与杵臼二人。

弭兵会议

晋平公十二年(前546年),赵武担任正卿,主持晋国国政,代表晋国到宋国的国都商丘出席了弭兵大会。这次弭兵的建议是由宋国大夫向戌提出,而实际上体现了赵武偃武修文的政策。他一贯主张减轻各诸侯国对霸主的贡纳,加强礼仪方面的要求,各国都循礼行事,即可维持一个和平的局面。因此,当向戌提出弭兵建议,晋国首先响应。在会盟中,赵武处处表现出息事宁人的态度,重信义,崇礼让,使弭兵活动取得了实际成效。弭兵大会由晋、楚两国联合发起,共有晋、楚、鲁、宋、蔡、卫、陈、郑、许、曹10国代表出席。大会约定晋、楚两国息兵停战,共作霸主。

主持晋楚弭兵大会,是赵武平生所参加的一次重大政治外交活动。这次活动不仅扩大了赵武在诸侯国之间的影响,也增强了赵氏在国内的政治地位。晋平公十三年(前545年),吴国的延陵季子出使晋国。经过一番对当时晋国政治形势的考察和研究,延陵季子得出了一个结论他说,"晋国之政卒归于赵武子、韩宣子、魏献子之后矣!"后来事实证明,延陵季子的论断完全切合实际。

延陵季子

延陵季子即季札,春秋时吴王寿梦第四子,称公子札,是一位与江阴历史渊源有关的古代贤人。传为避王位,"弃其室而耕"于江阴申港东南的舜过山下，人称"延陵季子"。季札不仅品德高尚，而且是具有远见卓识的政治家和外交家。季札重信义。一次途经徐国时，徐国的国君非常羡慕他佩带的宝剑，难启齿相求，季札因自己还要遍访列国，当时未便相赠。待出使归来，再经徐国时，徐君已死，季札慨然解下佩剑，挂在徐君墓旁的松树上。侍从不解。他说："我内心早已答应把宝剑送给徐君，难道能因徐君死了就可以违背我的心愿吗？"此事传为千古美谈。

赵武执政期间，在内政外交上都奉行稳妥平和的政治路线，虽然没有十分突出的建树，但保存了晋国的实力，维持住晋国的霸主地位，在与楚国抗衡中并未明显处于下风，还是有值得称道之处的。故晋大夫祁午曾对赵武说："师徒不顿，国家不罢（疲），民无谤言，诸侯无怨，天无大灾，子之力也。"意思是不劳顿军队，不疲敝国家，人民没有怨言，也没有与其他诸侯结怨，这都是您的功劳啊。

为了维护弭兵的成果，赵武曾"再合诸侯，三合大夫"，多次会盟。就在他去世那年（晋平公十七年），还与楚、齐、宋、卫、陈、蔡、郑、许、曹等国在虢（东虢，在今河南郑州市北古荥镇）地会盟，重温宋国会盟时达成的协议，维护各诸侯国之间的休战状态。

可能是与早年的颠沛流离有关，赵武晚年总觉得心身俱衰，委顿之色溢于言表，如对周王室使者刘定公说："吾侪偷食（苟且偷生之意），朝不谋夕。"对秦国公子后子说："朝夕不相及，谁能待五（年）？"自感劳瘁，倦于勤政，应答宾客之际，流露出天年不永的征兆。这和他婴儿时期的传奇经历相映成趣，增加了他一生的戏剧性，为史书大书特书。

赵武死后，谥为文子。赵武以后三世至赵襄子，韩、赵、魏灭智伯，三分晋国。

第二章　赵氏春秋

◎ 赵简子：夏政戎索

赵鼎刑书

赵简子，即赵鞅，春秋末年晋国正卿。其先祖与秦同姓。赵简子又名志父，亦称赵孟。卒于晋出公十七年（前458年），生年不详。《史记》云，晋顷公九年（前517年），"赵简子在位……简将合诸侯于周"，说他在位时，曾选派将领统帅诸侯为周天子戍边。假如他20多岁执掌晋国国政的话，其生年应在晋平公二十一年（公元前537年）左右，寿70多岁。

赵鞅的青少年时代处于晋平昭年间，当时，晋国；内政局发生了根本性的变化。一些原来地位显赫的旧贵族正在退出历史舞台，逐渐被赵、韩、魏、智、范、中行六家所取代，形成异姓大夫专权的局面。六卿相互之间围绕晋国统治大权和土地也展开了激烈地明争暗斗，矛盾十分尖锐。在这场角逐中，赵氏家族曾一度凌驾于众卿之上，但自"下宫之难"（即上文提到的屠岸贾灭赵氏一事）后一蹶不振，直到赵鞅父景叔继位，其势力仍不及范氏、中行氏。这种局面延续到赵鞅继位初期。年仅20几岁的赵鞅执政以后，在复兴赵宗室责任感的驱使下，励精图治，终于使赵氏东山再起。

赵鞅在政治上表现得极为成熟。昭公二十九年（前513年），赵鞅、荀寅占领汝滨，令晋国国民出力，募得一鼓（约110公斤）铁，铸造刑鼎，上刻范宣子所用"夷鬼立法"（蛮族法律）。其核心是倡导"法治"，以法作为社会的行为规范，具有明显地反对宗法分封制的非正统色彩，因而曾遭到孔子的贬责。

颁布成文法，具有历史的进步性，它使罪与非罪的标准明确并昭示于众，实际上是对奴隶主"刑不可知，则威不可测"的黑暗恐怖政治的否定，体现了社会进化的要求。李悝在总结赵鞅"刑鼎"、子产"刑书"、邓析"竹刑"这三部法律文书基础上，写成了《法经》，使法家文化日臻完善，成为新兴地主阶级夺取政权，确立封建制度的根本理论依据。

赵鞅执政不久，六卿在逐步瓜分晋国土地和人口的同时，都在各自的封地内进行全面地改革，为最终夺取晋国的统治大权作准备。其中韩、赵、魏三家采取了比较进步的政策，尤以赵鞅的改革措施最为彻底，改革所带来的成效也最为显著，为赵宗室的兴盛、强大和进一步发展奠定了稳固的基础。

经济上，赵鞅革新亩制，调整赋税。春秋末年，适当扩大亩制有利于农业和地主经济的发展。为此，六卿都突破了"百步为亩"的旧经界，但范氏、中行氏和智氏的亩制不及韩赵魏的亩制大，韩魏的亩制又不及赵的亩制大。赵氏亩制"以一百二十步为宽，以二百四十步为长"。而赵氏赋税却最轻，范氏、中行氏、韩魏"伍税之"，采用按五分抽一的税制。赵氏"公无税焉"，不按亩征税。孙武分析了六家改革后，认为赵氏改革是比较成功的，因此"晋国归焉"。

政治上，赵鞅礼贤下士，选贤任能。他重用董安于、尹铎、傅便、邮无正、史黯、窦犨等人，同卫庄公、扁鹊、姑布子卿等名士的关系也极为融洽。赵鞅虚心纳谏，表彰敢于指出他错误的臣下。赵鞅派尹铎治理晋阳，尹铎是一个从不恪守教条的有为者。赵简子曾命他拆除董安于防御中行氏、范氏围攻晋阳时所筑壁垒，因为他一看见这些壁垒遗迹，就仿佛看到仇人一样恼怒。尹铎却认为赵简子的命令对治理晋阳有害无益，不仅没有拆毁这些壁垒，反而将其加固增高。后来赵简子复到晋阳视察，看见壁垒还未拆除便怒不可遏地表示"一定要先杀尹铎，然后才入晋阳城"。后来，赵简子经人进谏，指出增修壁垒的必要，才以免难（免除赵氏之难）之赏，重奖尹铎。赵鞅家臣周舍"好直谏"，周舍死后，赵鞅每每听朝，常面露不悦，大夫请罪，赵鞅说："诸大夫朝，徒闻唯唯，不闻周舍之鄂鄂（惊怒的样子），是以忧也。"

尹铎

尹铎，春秋末期晋国人，其身世不详，是晋卿赵简子的家臣。他早年与董安于相交甚密，董安于创建晋阳城担任晋阳邑宰时，尹铎追随左右为其属大夫。董安于自杀以后，尹铎受命赵简子继任为晋阳宰。尹铎上任后，沿袭董安于的管理办法，采取了许多收揽民心的措施，取得了政治上的稳定和经济上的繁荣，晋阳城由于尹铎的竭力经营，成为赵氏与晋国诸卿进行军事抗争的坚固大本营。直至晋哀公四年（前453），智伯决水围灌晋阳，以致"巢居而处．悬釜而炊"，此时晋阳百姓仍"无叛意"同仇敌忾。事实证明了尹铎的远见卓识和对晋阳的治理对赵氏兴衰至关重要。

军事上，赵鞅奖励军功，以功释奴。晋定公十九年（前493年），赵鞅率军迎战增援范氏、中行氏的郑国军队，誓师时宣布，"克敌者，上大夫受县，下大夫受郡，士田十万，庶人工商遂，人臣隶圉免"。就是说立了战功的大夫可以得到一县或一郡，士可以得到大片土地，庶人工商之类的平民因战功可以进入仕途，为奴为隶的因战功可以成为自由民。这个命令的颁布，大大鼓舞了晋军的士气，对取得战争的胜利发挥了巨大的作用。

范氏中行氏

改革使赵氏的经济势力得到增强，政治威望得到提高，彻底改变了过去赵氏处于劣势的不利状况。此后，赵鞅联合韩魏，把矛头指向六卿中最主要的对手范氏、中行氏两家，揭开了讨伐战争的序幕。

赵氏与范中行氏之间爆发的这场冲突，导火线是暂住邯郸的卫贡五百户人口的归宿问题。实际上，这是新兴的异姓强族觊觎和争夺晋国大权斗争的反映。

邯郸典故《赵简子放生》

邯郸的民众在正月元旦这一天将他们捕获的野鸡献给赵简子,赵简子很高兴,赏赐给了他们很多东西。门客问赵简子为什么重赏。赵简子说:"在正月元旦这天将猎物放生,是表示一种恩德。"门客说:"民众知道您要将猎物放生,所以争相猎取它们,反而使他们死了很多。如果您想放生,不如禁止人们捕猎他们。捕猎之后再将其放生,您的恩德是弥补不了犯下的过失的。"赵简子说:"你说得对。"

定公十三年(前497年),赵鞅想把卫国进贡的五百户人口从邯郸迁往晋阳,遭到同宗大夫赵午父兄的拒绝,赵鞅一怒之下,杀了赵午,于是,赵午子稷、臣涉宾在邯郸起兵作乱,赵午是中行氏(荀寅)的外甥,而荀寅又是范氏(士吉射)的姻亲,因而得到范氏、中行氏的支持。秋七月,范氏、中行氏以晋君名义伐赵氏之宫,"赵鞅奔晋阳"。这场历时八年的战争以范、中行氏的失败而告终。

赵鞅之所以能取得这场战争的胜利,首先是因为他十分注意建立可靠的根据地。正如上文说述,赵鞅先后派董安于、尹铎治理晋阳;其次,赵鞅善于利用六卿之间的矛盾,结成反对范、中行氏的统一战线。战争爆发时,整个晋国两大敌对阵营各派的组合、力量对比的瞬息万变,错综复杂。赵、韩、魏、智氏之间,四家权卿与晋君之间,特别是赵氏与智氏之间矛盾重重。然而,在未取得对范氏、中行氏的最后胜利之前,赵鞅尽量避免与他们发生冲突,注意争取、韩、魏、智氏特别是晋君的支持。对智氏的胁迫,他委曲求全,默许有功之臣董安于自杀。当范、中行氏以晋君名义伐晋阳时,赵鞅不仅没有公开反叛晋侯,还设法尽快恢复同晋公室的关系,从而得到国人的拥护,扭转了战争的不利局势。再次,赵鞅还非常注意改善同别国的关系。哀公四年(前491年),赵氏与范、中行氏战事正酣,楚乘晋内乱,"乃谋北方"。赵鞅被迫妥协,说:"晋国未宁,安能恶于楚,必速与之。"于是割地予楚国,并满足了楚国要晋引渡戎狄的要求,避免了晋楚之间的直接冲突。最后,作为晋军统帅,赵鞅身先士卒,具有勇于牺牲的精神。哀公二年（前493年），晋郑两军会战于铁（今河南濮阳）。赵鞅中箭负伤，面部血流不止，却"鼓音不衰"。赵鞅攻卫，他虚心听取烛过的劝告，去掉屏蔽他的盾牌，身先士卒，指挥作战，故能"一鼓而士毕乘之"。

赵简子梦游钧天

赵简子，赵鞅是晋三卿之一。有一次赵简子病重，五天五夜不省人事。名医扁鹊诊断之后对大夫们说：没事，不出三天就会醒过来。果然如扁鹊所说，两天半后，赵简子醒过来了，讲述了他的梦中经历：我梦见到了天帝那里，天帝设宴招待我，诸神陪坐。我还参观了华丽宏伟的天上宫阙。仙女们为我演唱了《钧天广乐》。我感到十分快乐。饮酒时，有一只熊向我扑过来，天帝命我射杀它，我照办了，后来又来了一只黑向我扑来，我杀死了它。天帝非常高兴，赏给我两个竹箱和一只狄地产的小狗，并说明此狗是我的七世孙武灵王，将来还把舜尧之后孟姚许配给他。晋国灭亡后，赵氏兴旺立国。后来天帝的预言实现了，赵氏先是灭了中行氏、范氏（熊和罴）。继而分晋，建立赵国，建都邯郸。至赵武灵王时，国势大盛，成为战国七雄之一。而武灵王果然也娶了孟姚为王后。

这场战争的结果，是中行文子、范昭子奔齐，"赵氏竟有邯郸、柏人两地"，形成"赵名晋卿，实专晋权，奉邑侔（侔，相等之义）于诸侯"的局面。从哀公六年（前489年）至哀公十七年（前478年），赵鞅为避免同智氏之间矛盾的进一步激化，转移国内视线，巩固既得利益，又发动了一系列讨伐卫、齐、鲁、鲜虞（中山国，早期称鲜虞）的战争。哀公六年，赵鞅率师伐鲜虞。哀公十年春，赵鞅率师伐齐。哀公十四年春，伐卫。然而，这一进程因赵鞅染疾而中断，"使太子毋恤（人名）将而围郑"，从此，赵鞅退出晋国的政治舞台，结束了他叱咤风云的政治生涯。晋出公十七年（前458年），"简子卒，太子无恤代立，是为襄子"。四卿中年资最长的智襄子（智瑶），乘机独占了大部分范氏、中行氏故地，把持了朝政，取赵氏而代之，成为四卿中最强的势力。导致后来与赵氏的战争，使晋国历史进程出现反复和挫折。

综观赵鞅生平事迹，可以说他对春秋战国的历史发展起了推波助澜的作用。作为新兴地主阶级的代表人物，赵鞅在军事上讨伐晋腐朽势力的同时，在经济、政治、思想各个领域也向旧的宗法制度发起猛烈冲击，严重动摇和瓦解了奴隶制的基础，加速了晋国封建化的进程，其影响甚至波及到中国历史发展的整个过程中。

可以说，赵鞅改革为赵氏立国奠定了基础。赵鞅继位之初，赵氏家族已处于存亡绝续的关头。由于赵鞅采取了卓有成效的革新措施，使赵宗室的势力迅速增强。赵襄子正是在继承其父改革的基础上，争取民心，任用贤臣，虚心纳谏，终于同韩魏一起灭了"贪愎好利"的智氏，才有晋静公二年"灭晋后而三分其地"的结果，韩、赵、魏"三家分晋"实际上奠定了战国时期七雄并立的争霸格局。

赵鞅的经济、政治、军事改革措施很是彻底，很少保留奴隶制残余的痕迹，加速了春秋战国时期甚至整个中国历史发展的进程。

赵鞅浇铸了战国时代近200年灿烂的赵文化基业。晋自西周初年立国，即奉行"启以夏政，疆以戎索"的基本国策，在政治上沿袭夏朝的治国方略，在生活习惯和行政管理上又照顾到戎狄的传统习惯。按照戎狄的生活习惯（戎索）分配土地，不像鲁卫农业地区按照周法分配土地。赵鞅、赵襄子两代改革后，进一步发扬光大了晋"观事而制法，因事而制礼"的优秀传统，使赵文化含有"中原古文化的农耕文明和北方古文化的草原文明二位一体"的典型特征。在经济、军事、文化、商业、建筑等方面以其鲜明的风格丰富和发展了中华民族的古代文化，为中华民族的进步作出了应有贡献。

戎索

戎人之法。《左传·定公四年》："启以夏政，疆以戎索。"杜预注："大原近戎而寒，不与中国同，故自以戎法。"后以泛指法令。晋国原是戎狄游牧地区,成王封同母弟叔虞为唐侯,在唐国内"疆以戎索",就是说,按照戎狄生活惯例,分配牧地,不像鲁卫农业地区按周法分配耕地。

◎ 赵襄子:三家分晋

无恤无情

赵毋恤,又作无恤,春秋战国之际晋国赵氏的封君。生年不详,卒于周威烈王元年(前425年)。卒谥襄,史称赵襄子。《史记》中所列赵国的襄子纪年,在位为33年(前457~前425年)。

赵毋恤是晋定公时专擅晋国大权的赵简子(赵鞅)与侍妾所生庶子,在诸公子中出身微贱,加之其貌不扬,但却最受赵简子钟爱。一次,赵简子对几个儿子说,他把宝符藏在常山(今河北曲阳西北)上,谁先得到有赏。诸子回来都无所得,只有赵毋恤说已经得到。他说,从常山居高临下攻击代国,可以吞并代国,这就是宝。赵简子认为此子果有雄图大略,确实可以发展赵氏的势力,于是废太子伯鲁,立赵毋恤为太子,当时有人对此举不满,对赵毋恤有非议。赵简子认为,赵毋恤能够忍辱负重,适宜担当大任,所以尽管有人反对,还是坚持让赵毋恤继承他的事业。

赵毋恤在赵简子死后继位,很短时间内即显示出他的政治风格。他的姐姐是代国国王的夫人,因为有这样的姻亲关系,他到夏屋山(今山西代县东北),请代王相见,代王毫无戒备即来赴会。在酒宴上,赵毋恤早已安排下陷阱,斟酒的人在行斟时,用事先准备好的铜抖乘机击杀代王及其从官。然后,兴兵伐代,一举占领代国,将其领土并入赵氏版图。其姊泣而呼天,拔下发笄自刺而死。

三家灭智

春秋末期，当时晋国公族已不复存在，晋侯势力远不如卿大夫，而代表奴隶主贵族的郤氏、栾氏、祁氏等先后受到攻击，不是被杀就是降为平民，新兴势力完全占据了上风，但这些地主阶级代表人物内部，却又争斗不息。前493年，赵简子提出按军功行赏，获得平民支持，于是联合韩、魏二氏在铁地打败了范氏、中行氏。前458年，正卿智伯联合韩、魏、赵三家攻灭范、中行二家，尽分其土地以为自己所有。自此晋六卿就仅存四卿，智伯则成为晋国最大的权臣了。

有才无德的智伯

智伯，名瑶，又称智囊子，智伯系荀首五世孙，世为晋大夫。晋出公三年，智伯率师伐齐，在这次战事中，他表现出果敢勇毅的风采。战前，他亲自出马侦察齐军，不巧马匹受惊狂奔，他临变不惊，乘势驱马逼近齐军观察一番，才返回本营。临战前，有人请示先占卜一下吉凶，智伯说："以辞伐罪足矣，何必卜！"果然在开战后大败齐军。

后来晋君出逃，智伯立新君，晋国政事皆由智伯决断，智氏独强，赵、韩、魏三家相形见绌。之后，智伯变得贪得无厌，独断专行，与赵毋恤结怨颇深。及至晋阳之战，智氏全族覆灭，智伯被愤恨不已的赵毋恤将头颅漆为饮器。

智伯刚愎自用，贪得无厌，自恃势力强大，于周定王十四年（前455年）要求韩、赵、魏三家都割给他一块土地。韩、魏二家答允，赵襄子不是块软骨头，颇有作为，坚决不予。智伯大怒，联结韩、魏两家，向赵氏进攻，赵襄子只得逃奔晋阳（今山西太原南），紧闭城门死守。智、韩、魏三家军队团团围困晋阳两年多，因久不能攻下，智伯便下令导引汾水灌淹晋阳。大水浩浩，晋阳城不浸水之处只有三版（六尺）高，居民士卒爬上屋顶居住，高悬锅子炊煮，粮食吃尽后，交换小孩的肉来充

第二章 赵氏春秋

饥,病死饿死无数,但无一投降。赵襄子很着急,在黑夜里派相国张孟谈秘密出城,暗会韩康子和魏桓子,晓以唇亡齿寒之理,韩、魏二卿本为逼迫,实属无奈,于是暗地与张孟谈达成了共灭智伯的协议。三月丙戌,赵、韩、魏三家兵马一道反攻智氏的军队,杀掉了还蒙在鼓里的智伯。结果三家瓜分了智氏的所有领土,从此便形成了三足鼎立,并导致"三家分晋"的局面。

赵毋恤寡不敌众,听从张孟谈的谋划,退保晋阳(今山西太原市南晋源镇)。因为晋阳是赵简子时的干练之臣董安于苦心经营过的,赵简子失利时就曾固守晋阳,历任守臣都做到了政宽民和,是理想的死守据点。赵毋恤退据晋阳,巡视一遍,见城池坚固,府库充实,仓廪丰盈,只是缺乏御敌所用的箭矢。张孟谈又告诉他,董安于当年深谋远虑,建筑宫室墙垣的材料都可以拆来作箭杆,铜铸的柱础可以用来造箭镞。于是一切齐备,严阵以待三家来犯。

智伯率韩、魏两家围攻晋阳,一年多没有攻下。后来引汾河水灌城,"城中巢居而处,悬釜而炊,财食将尽,士卒病羸",岌岌可危。在生死存亡的关头,赵毋恤与张孟谈策划,由张孟谈暗中与韩、魏二氏联络,说动二君,约好里应外合,共灭智氏。韩、魏之兵在夜里杀死智氏守堤之吏,决开河堤,反使汾河水冲向智伯军中。赵军从城中杀出,韩、魏二家从旁夹击,活捉了智伯。三家瓜分智氏领地,形成韩、魏、赵三家把持晋国的局面,为三家分晋奠定基础,赵毋恤在困守孤城的境地中,始终坚持,而且临危不乱,在破城的前夕,能够做出正确抉择,反败为胜,充分显示了他的政治才能。

豫让漆身刺无恤

豫让,先秦时期晋国的一位著名刺客。智伯的家臣,感恩于智伯的知遇之恩,因此当智伯被韩、赵、魏三家攻灭后,风闻赵襄子把智伯的头颅做成漆器盛酒,豫让发誓要为智伯报仇,行刺赵襄子。为此,他不惜把漆涂在自己身上,生出满身癞疮,还剃掉胡子眉毛,改容易貌,吞下炭块，把嗓子弄嘶哑。可连续两次刺杀都未遂，临死之前，豫让说："听说贤明的君主不埋没臣子的忠义，臣子为了忠义而不惜牺牲生命。上次你已宽赦我，天下无人不称赞你的贤明。今我自当受死，但我希望能在你的衣服上刺几剑，以实现我复仇的心愿，这样我就死而无憾了。"无恤怜其志，脱下锦袍以成全豫让。豫让拔出剑跳起来大喊着连刺数下，"我可以报答智瑶于九泉之下了！"说完后便自刎于赤桥。

赵毋恤还十分注意维护自己的权威。在晋阳被围时期，群臣惶恐不安，都想寻找个人的出路，对赵毋恤不怎么恭敬，只有高其一个人不敢失礼。胜利以后，赵毋恤论功行赏，以高其为首。其实高其并没有什么功劳，对此有人提出异议。赵毋恤说："方晋阳急，群臣皆懈，惟其不敢失人臣礼，是以先之。"在他看来，恭谨驯顺的臣子比建功立业的干将更重要，因为后者固然有用，但若没有前者，就无法维持他自己及其家族的统治。

宗法观念在赵毋恤的头上，比同时代的人表现得格外突出。他自己是赵简子的庶子，被立为太子，继位为君，从宗法习惯上来说是不正常的。他的被立与太子伯鲁的被废，属于废嫡立庶，废长立幼，与宗法传统的嫡长子继承制相悖。他一直对此事感到不安，想方设法加以补救。在他即位不久，攻灭了代国，即把太子伯鲁之子封为代成君。后来又不立自己的儿子为太子，而把伯鲁之孙立为太子，他死以后，即继承大权，是为赵献侯。赵毋恤尊重宗法传统的行为，固然反映着他思想中的观念信条，而在实际上也能起到维护赵氏宗族内部团结的作用，同时还可以赢得当时人们的敬重。因而，他那样的行为，在特定的历史条件下，又可以说是一种比较成功的政治手段。

在晋国六卿攫夺政权的残酷斗争中，赵毋恤注意团结内部，向外扩张，又能把握时机，转化矛盾，败中取胜，终于使赵氏具备了位列诸侯的势力，成为瓜分晋国的三家之一。周定王十六年（前453年），晋三家灭智氏后，政权尽在赵、韩、魏三卿之手。到晋幽公时，公室更加衰弱，幽公仅保存祖庙曲沃和都城绛两座城邑，国土均归三卿所有。他畏惧权臣，反而向赵襄子、韩武子和魏斯行朝拜大礼。周威烈王二十二年（前404年），因齐国内乱，周王请求韩、赵、魏三侯伐齐，魏帅翟角等率师攻入齐长城，获战车两千，魏文侯向周天子献俘，周威烈王赏魏文侯以周王室上卿。第二年，周天子正式册封韩虔、魏斯和赵籍列为诸侯，晋侯只是名存实亡罢了。此即史家所说的"三家分晋"。至周烈王七年（前369年），韩鼓侯、赵成侯把奴隶制贵族僵尸晋桓公赶出新绛，迁到屯留，废为平民，从此晋祀断绝。自周成王十年（约前1054年）成王封弟唐叔虞为晋履至晋桓公，前后共二十七侯六百八十余年，晋国成了周初所封大国中的第一个灭亡者。赵国占有今山西中部及陕西、河北一部分，属于"战国七雄"之列。

后世遗踪

　　赵姓是当今中国姓氏排行第七位的大姓，人口众多，约占全国汉族人口的百分之二点三。历史上的赵姓名人层出不穷，战国时有平原君赵胜，为战国四公子之一。名将马服君赵奢，以及其子赵括。三国时蜀汉有名将赵云。汉代有汉成帝皇后赵飞燕，北周有著名书法家赵文渊，当时碑文多出其手。明代有史学家、文学家赵翼。宋朝太祖赵匡胤，"陈桥兵变"后，代周为帝，建立宋朝，立国320年之久，使赵姓的宗族声望达到了最为辉煌的时期。元代有杰出书画家赵孟𫖯；清代有杰出书画家、篆刻家赵之谦，与任伯年、吴昌硕并称为清末三大画家。值得指出的是海外赵姓的播迁。明末，有赵姓不惜冒险远渡重洋到海外，其民族构成多种多样，聚居地为东南亚和美国。如瑶族中的赵姓在缅甸、老挝、越南和美国、法国、加拿大等国都有分布；壮族中的赵姓散布于越南、老挝、泰国等地。

第三章 芈姓之熊

据《世本》《古今姓氏书辩证》及《元和姓纂》等所载，黄帝的子孙在商末有个叫鬻熊的，很有学问，做过周文王的老师。其子事文王，早卒。曾孙熊绎以王父字为氏，成熊姓。周成王分封先王功臣时，封熊绎于荆楚，建都于丹阳（今湖北秭归东南），建立了楚国。熊姓历经大熊、有熊、芈熊、楚熊四个王朝，创造了灿若星河的上古文明。春秋战国时期，楚国一度强大起来，势力扩展至中原，为春秋五霸之一。公元前223年，楚灭于秦。楚君的后人多以熊为姓，称为熊氏，史称熊氏正宗，即湖北熊氏。

代表人物：　楚文王（熊赀）　　楚庄王（熊旅）　　楚威王（熊商）　　楚怀王（熊槐）
对政局影响：春秋战国时期，楚国北融华夏，南合蛮夷，楚威王时代，楚国成为秦国的劲敌。
溯本追源：伏羲和女娲之后，黄帝（有熊氏）直系后裔。
后世遗踪：楚怀王时代，由于政治的腐败，秦强楚弱的局面逐渐形成，楚终为秦所灭。

◎ 楚文王：筚路蓝缕

有熊氏

黄帝，中国历史上第一个统一华夏大地的帝王，为少典与附宝所生。黄帝生在寿丘，长于姬水，居轩辕之丘，建都有熊（今河南新郑县），国号有熊，为伏羲和女娲有熊氏直系第79代帝。

黄帝第八世裔孙季连是芈熊政权的创立者，楚王族的先祖。舜赐季连姓芈（音米），建芈熊政权。历经1000年，与夏、商同时代。季连带着华夏文明进入楚丘（今河南滑县）。

芈熊政权与西周同时代，公元前十一世纪，黄帝第36代裔孙鬻熊，是伏羲八卦的嫡系传人，著书《鬻子》。鬻熊为周文王的老师，传八卦于弟子周文王，周文王作《易经》（《易经》，中国群经之首也）。其子事文王，早卒。其曾孙熊绎以王父字为氏，成熊姓。熊绎于公元前1063年建立了楚国，建都丹阳（今湖北秭归东南）。

楚国一直被周王朝和中原列国称为"南蛮"，在公元前706年楚武王僭号称王，成功地摆脱了周王朝的羁绊，走上了独立自主的发展道路后，迅速地崛起壮大，以至后来的楚庄王饮马黄河，问鼎中原，并一度成为疆域最大、势力最强、人口最大、物产最丰富的国家。楚庄王能以气吞山河的壮举名列"春秋五霸"，不仅在于他自己具有雄治武功和冲天的抱负，而且在于楚文王和楚成王为其霸业打下了坚实的基础，特别是楚文王迁都于郢为其奠定了楚国的发展根基。

受鞭纳谏

楚文王是"春秋荆楚第一王"楚武王的儿子,名熊赀,于公元前689年即位。当时,楚武王为平定汉阳诸姬姓国之首随国的叛盟,不顾年老体衰,带病亲征,病逝于征途,熊赀被楚国令尹斗祁和莫敖(楚国一种世袭的官职,它的地位较高,一般只能由公族的子弟担任)屈重按楚武王临终之言拥为楚王。楚文王与他的父王一样,同样是一位具有远大抱负的国君,他以气吞山河的非凡之笔写下了光彩照人的一页。

令尹

楚官名,执掌军政大权的长官,相当于丞相。令尹地位略高于司马,其人选有空缺,常由司马递补。令尹的职责是辅助楚王总理朝政,虽也经常率军作战,但兵事主要由司马掌管。可见,楚之文武略有分工,和晋国正卿的文武合一稍有不同。任令尹者一般为楚王子弟,有时或由嗣君为之。令尹职位尊显,而一有过失,往往伏诛。令尹很少世代相袭,避免了强家势力的滋生。由于楚令尹制有以上特点,春秋时各国政权上陵下替的现象在楚并未出现,这也是楚能雄强于诸侯的重要原因之一。令尹为楚所特有之官名,但有些受楚影响较深的小国,也曾设有令尹。据春秋铜器铭文所记徐国就曾设有此官。明清时指县长,如《促织》"天将以酬长厚者,遂使抚臣、令尹并受促织恩荫"。

楚文王虽名垂青史,但立位之初却不务正业,整天只知道寻欢作乐,打猎巡游,不理朝政。有的史书上记载,说他"淫于田猎,得茹黄之狗,箘路之矢,以田于云梦,三月不反。得舟之姬淫,期年不朝",有人说"良犬、利弓和美女舟之姬"是他的"三宠",但更多的人却说这些东西是羁绊楚文王的"三害"。

几位辅政老臣为此大伤脑筋,多次规劝,但他却并不以为然,仍是我行我素。不得已,楚文王的老师保申(申国人,武王在位时为其所聘请）和大将鬻（yù）拳只有冒死进入内宫进谏："先王临终前要求我等竭力辅佐大王，以使大王成一代明君。可大王即位以来，整天沉溺于声色犬马之中，臣等多次苦劝都不济于事，现在我们只有按先王临终所言，以鞭笞之刑来促使大王醒悟了。"刚说着，就挥起楚武王临终时所授予的长鞭就要打。面对武王所授的长鞭，文王虽贵为一国之王，也无能为力，只好认错，并保证以后一定罢黜三宠，好好理政，尽全力使楚国发展壮大，同时又说："孤王已经不是小孩子了，已经贵为楚国的国君，寡人知错就行了嘛，打就免了罢！"保申跪下道："我受先王之命辅佐大王，今大王不受鞭笞是不听先王遗命。我宁得罪于大王，也不能有负先王重托啊！"文王无奈，只得伏下让保申鞭挞。保申的长鞭高高挥起，轻轻落下，但五十鞭真的产生了意想不到的效果，面对长鞭楚文王幡然醒悟，不仅杀了"茹黄之狗"，折断了"菌路之矢"，而且还放逐了宠姬舟之姬。从此，楚文王将所有的心思全部放在了治理国政、开疆拓土上了。

迁都于郢

楚文王如雄鹰般不鸣则已，一鸣就冲天。他猛醒后做的第一事就惊天动地，不仅让当时的楚国人欢欣鼓舞，更让后世的楚国人叹为观止，就是现在研究楚史的专家们也都把他所做的这第一件事引为美谈。那就是公元前688年，也就是他继位的第二年，将楚国的都城由丹阳整体搬迁到了郢都，也就是今天湖北省江陵县的纪南城。

荒芜了两千余年的郢都

郢都位于湖北省荆州北面离城8公里的纪南城，作为楚国的都城历时达四百多年，为当时南方一个大都会。同时，作为长江中游水陆交通的中枢，郢都也成为兵家必争之地。公元前278年，郢都遭到秦军入侵而变成废墟。

郢都当时的规模十分大，城东至城西长4450米，城南至城北阔3588

米，城墙的周长15506米，共有七座城门，城内有四条古河道。当时的城墙以土筑成，至今依然存在，有的地段更高达6.7米。从城内发掘出来的春秋战国文物，现在大部分收藏在荆州博物馆内。

楚文王之所以要举国搬迁，与楚国当时所处的国际形势密切相关：楚国经历代开拓已雄居被中原各国所称的"南土"，整个汉水流域的中部都被楚国牢牢地控制住了，疆域已经十分辽阔，这已引起了中原诸国的警觉。为了防止楚国向北发展，中原各国都在绞尽脑汁想用各种办法对付楚国。在这种局势前，楚国既要一如既往地向北方开拓，还要确保自身的绝对安全，就必须打破现在国都丹阳偏踞一地的不利局面，定好本国的根基。所以，几经选址，他最后将都城迁到了纪南城。

郢都地处江汉平原腹地，兼有水陆之便，东接云梦，西扼巫巴，北连中原通衢，南临长江天险，不仅自然条件优越，而且战略地位重要，楚文王选择纪南城一带作为都城，使得楚国具有四面环水、周围倚山、易守难攻的形胜之都。此后，郢都成为楚国历史上长达411年之久的政治、经济、文化中心，对楚国的发展与强大，起着十分重要的作用。清人顾栋高说："楚横行南服，由丹阳迁郢，取荆州以立根基。武王取罗、若阝，以鄢郢之地，定襄阳以为门户，至灭申，遂北向以抗衡中夏"。

为了承继楚武王"欲观中国之政"的意愿，楚文王致力于开拓中原的通路。他当时进攻的主要目标是汉阳诸姬。在大洪山与桐柏山的西麓，楚文王志在申、吕两国，而伐申、吕必须过邓。邓国在今湖北襄樊市北，是江汉平原达南阳盆地的咽喉之地。由于楚武王取邓曼为夫人，所以邓国是楚文王的母舅之国。文王深深地知道，自己要北上中原就必须拥有邓国这一战略重地，所以他早就将占领邓国作为自己必须实现的蓝图。

楚文王在定都于郢后，立即将主攻方向直指南阳，以便叩开北通中原的大门。公元前688年（楚文王二年），楚文王领兵远攻申国。申国是周宣王所封的姜姓国，是西周王朝控制荆楚的重镇。攻打申国必须向邓国借道。邓国与楚国近邻，邓人对楚借道攻申是有警觉的，为了绝邓后患，邓国的三位大夫雅甥、聃甥、养甥极力主张乘机杀掉楚文王，说：

第三章 芈姓之熊

"亡邓国者,必定就是他了。若不早下手,以后你后悔可就来不及了!"。但邓侯不听。楚文王经邓攻打申后,回归时果然又顺路攻打了邓国。

正当楚文王想东拓北进,并不断取得胜利的时候,齐国在经过了一段时间的内乱后,在公元前685年(楚文王五年),齐桓公走上了历史舞台,他以管仲为相,大刀阔斧地进行改革,开始强大起来。在公元前679年(楚文王十一年),齐桓公会盟宋、陈、郑等国,开始称霸中原。楚文王也不示弱,在公元前678年,为了与齐桓公抗衡,彻底打通北入中原的通道,突然出兵攻邓,不费吹灰之力就将邓国灭除了。

楚国灭邓后,南阳盆地的申、吕、缯等国就完全暴露在楚国的面前,这些小国很快就被楚国灭除了。史籍虽无楚灭申的具体时间记载,但从前述"伐申过邓"来看,灭申与灭邓时间大体是一致的。至此,北通中原的大门业已洞开。同年,楚文王以郑厉公复位"缓告于楚"(《左传·庄公十六年》)为由,发兵讨伐郑国,直抵栎(今河南禹县)而还。郑是姬姓国,又是春秋初期大国,楚文王竟借口惩罚,足见楚国已挺进中原与齐国争霸了。《史记·楚世家》说:"齐桓公始霸,楚亦始大。"楚文王和齐桓公几乎是同时步入春秋大国争霸的历史舞台的。楚文王定都郢都与向北开拓,为后来楚国北上中原争霸奠定了坚实基础。

楚文王降伏汉东诸国后,一直想向中原扩张,但苦于师出无名。恰在此时,地处汝水流域的蔡国(今河南新蔡西南)和地处河淮流域的息国发生了矛盾,这给楚文王出兵蔡、息提供了千载难逢的机会。

原来陈国(今河南淮阳)国君有两个女儿,大女儿已嫁给蔡侯献舞,小女儿就是息妫,长得如花似玉,嫁给了息侯。蔡和息的关系本来就是我们现在所说的"一担挑"(在我国民间,通称姐妹们的丈夫为"连襟",俗称"一担挑"),但是当息妫回陈国省亲,经过蔡国时,色迷心窍的蔡侯在宫中设宴款待时,见其美貌无双,欲图不轨。妫氏见他无礼,大怒而去。息侯听说后十分恼怒,就派使臣入贡于楚,密告楚文王说:"蔡自恃与齐联姻,不肯朝贡于楚。若楚军攻我,我求救于蔡,蔡侯年轻而勇敢,必然亲自来救。我与楚合兵攻蔡,就可以俘虏蔡侯。既俘虏了蔡侯，就不怕蔡国不朝贡。"楚文王大喜，就在公元前684年（楚文王六年）秋天，就兴兵伐息国。息侯求救于蔡，蔡侯果然亲自领兵来救。安营未定，楚伏兵四起。蔡低档不住，急忙向息侯奔去，因息不开城门大败而走。楚兵从后追赶，追到莘，活捉了蔡侯。息侯大犒楚军，亲自送楚文王出境。

后来，蔡侯知道中了息侯的奸计，对他恨之入骨，就在楚文王面前多次以"目如秋水，脸似桃花，长短适中，举动生态之美"等语言赞誉息妫的美貌，楚文王听说后感慨道："我若能得见息夫人，虽死无恨了。"蔡侯说："以君的威名，要齐君的夫人来也不难，何况这屋檐下一妇人？"楚文王对妫氏朝思暮想，便借巡视各方之名，率军进入息国，先用伏兵之计俘获息，后又在宫中俘获了息妫，见其脸似桃花，确有沉鱼落雁之貌，就在军中将其立为夫人，称"桃花夫人"。之后，楚文王将息国改为楚国的属地。伐蔡灭息、北图中原的重要意义不仅仅在于扩充了楚国的疆土，而且在于楚文王所采取的方法具有戏剧性的效果。不仅后世楚人叹为观止，更令当时的中原列国瞠目结舌。

终身不肯与楚王说话的桃花夫人

息妫是春秋时代著名的美女，面若桃花吹弹欲破，楚国人都叫她桃花夫人。楚文王灭掉他丈夫的国家，将她抢来，因为楚国势力强大，没有人能救得了她，她有心一死了之，但那样的后果势必导致楚文王杀掉她已经被灭国的前老公息侯等一干人等，于是决定忍辱负重，甘心嫁给楚文王，结婚三年后为楚文王生了两个儿子。但为了表示对前夫的情谊，始终不肯开口说话。

楚文王自得到申、息之后，以此为巩固的基地，向东可取到淮夷之地，向北可以直逼郑许洛邑，进可攻退可守。《史记·楚世家》说："楚强，陵江汉小国，小国皆畏之。"杜预在《春秋》注说："楚辟陋在夷，于此始通上国。"一向被华夏诸国视为蛮夷小国的楚，以强有力的面貌出现在了中原的舞台上，为诸夏所侧目，成为中原的强大威胁。

完璧归赵的故事早已是家喻户晓,虽然和氏璧在数千年的历史进程中早已遗失,不知所终,但它的横空出世却与蔺相如护璧而归一样,同样令后人叹为观止。

先秦作品《韩非子·和氏篇》记载了这个流传千古的故事:公元前七百多年前,在一个现在叫"玉印岩"(今南漳县西南180公里的巡检镇金镶坪村)的地方附近住着一个石匠的后代,叫卞和。卞和到山上采石的时候,经常看见有一对凤凰栖落在附近的一个石台上,他想起了古人所说的"凤凰不落无宝之地",就仔细地观察,结果惊奇地发现了一块与众不同的石块,他凿取出来后,抱回家让识,宝的爷爷辨别,爷爷惊呼"这是千古罕见的宝石"。经全家商议,决定由卞和把它献给楚王。然而一次、二次的献宝,都被说成只是一块顽石,以欺君之罪刖去了双足。五十多年后,当楚文王即位时,卞和已有七八十岁,成了生活潦倒的一个残废人,难以上朝献宝,只有伤心地抱着璞石在荆山脚下哭泣,哭了三天三夜,不仅眼泪干涸了,而且流出了血泪。哭声惊动了楚文王,派人去问,卞和说:"我不是哭我自己呀,我哭的是普天之下竟然没有识玉的明君。"文王受其哭声感动,便叫人剖开璞石,果然就发现了内面所深藏的宝玉,后经楚国最有名气的工匠雕琢成了一块宝璧。楚文王十分高兴,因玉是卞和献上的,就将这块璧命名为"和氏璧",准备封卞和为官,但卞和却不愿接受,说:"宝玉面世了,我的心愿也实现了,我就满足了。"之后就返回了故乡。卞和献玉的故事本身是个悲壮的故事,我们从这个故事里面却能够看到楚文王的不偏听偏信、不唯上的作法,向我们昭示出他是一个能够明辨是非的明君。

和氏的传奇

在春秋战国时期,许多诸侯国都有自己的镇国之宝。据《战国策》载:"周有砥厄,宋有结缘,梁有悬愁,楚有和璞。"和璞即和氏璧,璞是没有经过琢磨的玉。和氏璧面世后,成为楚国的国宝,从不轻易予人。后来楚国向赵国求婚,送和氏璧给赵国。公元前283年,秦国听说赵国有和氏璧，提出以15座城相交换，蔺相如知道其中有诈，偷偷将和氏送回了赵国。但后来，和氏璧还是被秦国拥有。秦王政十年（公元前237年），李斯在上《谏逐客书》中提到："今陛下致昆山之玉，有随、和之宝。""随、和之宝"，即指"随侯之珠"与"和氏璧之"两件当时著名的宝物。秦王政九年，用它制造了御玺，刘邦灭秦得天下后，子婴将御玺献给了刘邦，御玺成为"汉传国宝"。到汉末董卓之乱，御玺先后落入孙坚、袁术之手，再传魏、晋。五胡十六国时，一度流于诸强，后被南朝承袭。隋灭陈后，御玺被陈朝的萧太后带到突厥，直到唐太宗贞观四年（公元630年）御玺归唐。五代时，天下大乱，流传的御玺不知所终。

◎ 楚庄王：问鼎中原

一鸣惊人

楚庄王，春秋五霸之一，芈姓（那时姓和氏是两码事，楚国国君是芈姓，熊氏。），名旅，又称熊侣。他在位期间（前613～前591）非常重视选择人才，先后得到伍参、苏从、孙叔敖、子重等卓有才能的文臣武将的辅佐。庄王初年，楚国发生贵族暴乱，邻近的群蛮等也乘机骚扰。庄王平息乱事，在内政方面作了一些改革，赏罚分明，群臣和睦，百姓安居乐业，国力日益强盛。庄王曾借伐陆浑（今河南伊川一带）之戎，陈兵问鼎于周郊，以示有吞周之意。接着与晋军大战于邲（今河南郑州北），晋军败绩。此后鲁、郑、陈、宋等中原国家先后归附楚国，楚庄王遂称霸中原。

说起楚庄王称霸，不能不提一下"不鸣则已，一鸣惊人"这个成语典故。话说楚国在城濮给晋国战败以后不久，楚成王就被他的儿子商臣害死了。商臣作了国君，便是楚穆王。楚穆王对失败不甘心，抓紧操练兵马，发誓要与晋国决一雌雄。他首先将附近的几个小国兼并了，又将中原的陈、郑等国拉了过去。周顷王六年（前613年），楚穆王正要雄心勃勃大干一场的时候，突然得暴病死了。他的儿子旅即位，就是赫赫有名的楚庄王。

践土之盟

践土之盟是春秋时晋文公称霸之盟。晋文公五年（前632）四月，晋文公在城濮大败楚师，五月，邀诸侯于郑的践土（今河南原阳）相会，并召周襄王在践土朝见，行献楚俘之礼，襄王命文公为诸侯之伯。其后，晋文公率齐、鲁、宋、蔡、郑、卫诸侯结盟。盟约规定结盟各国协力辅助王室，不得相互侵犯。这次会盟，确立了晋文公的霸主地位。

晋国见楚国忙于办丧事，晋国又重新会盟诸侯，订了盟约，随即将楚国拉过去的陈、郑等国又收回到自己的势力范围之内。这一下，楚国的大臣们全急了，要与晋国决战。但是，楚庄王仍无动于衷。即位近三年以来，他整天打猎、喝酒，不理政事，还在宫门口挂起块大牌子，上边写着："进谏者，杀毋赦！"这一天，大夫伍举进见楚王。楚庄王手中端着酒杯，口中嚼着鹿肉，醉醺醺地在观赏歌舞。他眯着眼睛问道："大夫来此，是想喝酒呢，还是要看歌舞？"伍举话中有话地说："有人让我猜一个谜语，我怎么也猜不出，特此来向您请教。"楚庄王一面喝酒，一边问："什么谜语，这么难猜？你说说。"伍举说："谜语是'楚京有大鸟，栖上在朝堂，历时三年整，不鸣亦不翔。令人好难解，到底为哪桩？您请猜猜，不鸣也不翔。这究竟是只什么鸟？"楚庄王听了，心中明白伍举的意思，笑着说："我猜着了。它可不是只普通的鸟，这只鸟啊，三年不飞，一飞冲天；三年不鸣，一鸣惊人。你等着瞧吧。"伍举明白了楚庄王的意思，便高兴地退了出来。

过了几个月，楚庄王这只大鸟依然故我，既不"鸣"，也不"飞"，照旧打猎。喝酒欣，赏歌舞。大夫苏从忍受不住了，便来见庄王。他才进宫门，便大哭起来。楚庄王说："先生，为什么事这么伤心啊？"苏从回答道："我为自己就要死了伤心。还为楚国即将灭亡伤心。"楚庄王很吃惊，便问："你怎么能死呢？楚国又怎么能灭亡呢？"苏从说："我想劝告您您听不进去，肯定要杀死我。您整天观赏歌舞，游玩打猎，不管朝政，楚国的灭亡不是在眼前了吗？"楚庄王听完大怒，斥责苏从："你是想死吗？我早已说过，谁来劝谏，我便杀死谁。如今你明知故犯，真是傻极了！"苏从十分痛切地说："我是傻，可您比我还傻。倘若您将我杀了，我死后将得到忠臣的美名；您若是再这样下去，楚国早晚是要灭亡的。您就当了亡国之君。您不是比我还傻吗？我的话说完了，您要杀便杀吧。"楚庄王忽然站起来，动情地说："大夫的话都是忠言，我必定照你说的办。"随即，他便传令解散了乐队，打发了舞女，决心要大干一番事业。楚庄王首先整顿内政，起用有才能的人，将伍举、苏从提拔到关键的职位上去。当时楚国的令尹和斗越椒野心勃勃，想要篡位。楚庄王便任命了三个大臣去分担令尹工作，削弱了他的权力，防止斗越椒作乱。

楚庄王一边改革政治，一边扩充军队，加强训练军士，准备与晋国决战，雪城濮之战的恨。在他即位的第三年，率兵灭了庸国（今湖北竹山县一带）；第六年，战败了宋国；第八年，又战败了陆浑（今河南嵩县北部）的戎族。楚庄王还在周朝的边界上阅军示威，吓得周定王急忙派大臣王孙满去慰劳。楚庄王见到王孙满，头一句话便问周朝京城宗庙里的九鼎有多重。这九鼎是当初大禹所铸，是天子权力的象征，询问九鼎的重量，实际上便是对周天王地位的威胁。经过这一回耀武扬威，楚国的势力和声威便大大振作起来。

王孙满

王孙满为东周定王时大夫。鲁宣公三年（公元前606年），楚庄王发兵攻打陆浑之戎（即姜戎，由西北迁至今河南省伊川一带），到达洛水，在周都雒邑（今河南省洛阳）南郊检阅军队以示威，要看一看象征中国最高权力的九鼎。周定王派王孙满去慰劳楚军时，楚庄王向他询问九鼎

（传说夏禹铸九鼎，象征九州，夏、商、周奉为传国之宝，是王权的象征）的大小、轻重。王孙满看出其居心，想取代周而占有天下，便委婉地回答："统治天下在于德政，不在于鼎的大小轻重。周朝的德行虽然衰微，但天命并没有改变，九鼎的轻重，是不能为臣属过问的。"这就是"问鼎中原"一语的来历。到了战国时，秦国和楚国也都有兴师到周王室问鼎之事。据说到了周显王二十一年（公元前348年），九鼎被沉没入泗水。

然而这时，国内斗越椒真的造反了。他占据了郢都，将楚庄王挡在城外，楚庄王见斗越椒以逸待劳，自己带的兵刚刚打完仗回国，非常疲惫，知道硬拼于自己不利，便假作退兵，并于晚间在漳水东岸设下伏兵，同时派一队士兵在河岸活动，引诱斗越椒渡河，斗越椒果然引兵追来，待发现中了计，想向回撤退，桥已被拆毁了。惊惶失措之际，斗越椒急忙率军涉水过河。突然对岸乱箭齐发，混乱之中，斗越椒被楚庄王手下神箭手养由基射死。很快，由斗越椒发起的叛乱被平息。

养一箭

养由基，楚国人，春秋楚庄王时期任小校，军中称之神箭养叔，百步穿杨说的就是他。公元前575年（鲁成公16年），他跟随楚共王同晋军战于鄢陵。战时，晋将吕锜射中楚共王一目。共王予箭二支，命他射死吕锜以报王仇，他仅以一箭就将吕锜的脖子给射穿了（射死了）。因此人称养一箭。

晋楚争霸

楚庄王平定完内乱，又经过多年精心的准备，决定挥军北上，与晋国争霸。周定王九年（公元前598年），楚庄王趁陈国内乱的时机，发兵降服了陈国。次年，楚庄王亲自率领大军去进攻郑国。陈国、郑国全是晋国的保护国，楚国发兵陈国、郑国，便是向晋国挑战，对晋国的霸主地位不承认。

晋国自然不甘示弱。在这年的夏天,晋景公命荀林父为大将,先轸的孙子先毅任副将,统领六百辆兵车,来援救郑国。大队人马来到了黄河边上,探子来报告,郑国已投降,楚国正在撤兵。荀林父本来便不愿意打仗,听了这个消息,立刻决定撤兵。先毅坚决不愿意,他大叫:"临敌退兵,可耻之极!你们若是怕楚军,我一人前去!"先毅仗着先人建有大功,自己又是将门之子,根本不将荀林父放在眼里,说完便领着自己的一队兵车,渡过黄河追赶楚军去了。赵同、赵括(两人都是赵衰的儿子,晋国现任相国赵盾的兄弟)也觉得自己父兄劳苦功高,便不听荀林父的将令,带上队伍随着先毅过河去了。荀林父没办法,只得下令全军过河。先毅得意洋洋地对赵同、赵括说:"我就知道主将非得听我们的!"

先轸

先轸(?—前627年),因采邑在原(今河南济源西北),又称原轸。春秋中期晋国大夫,著名军事将领。曾追随晋文公重耳流亡在外19年。晋文公即位后,封赏从亡功臣,先轸即在此列。公元前632年,先轸于城濮之战中大败楚军,奠定了晋文公称霸的局面。

晋襄公(晋文公之子)元年,秦晋崤之战俘虏了秦国三员大将孟明视、西乞术、白乙丙,之后,晋襄公听信夫人(秦人)之言,放走了这三人。先轸与晋襄公发生争执,大动肝火,竟至啐了晋襄公。事情过后,晋襄公对先轸的无礼行为并没有追究。可是,先轸自己却很不自安,认为在国君面前那样意气用事,如果没有受到处罚,就应该自行处罚。同年,在与狄人的一次战事中,他卸掉头盔,冲入敌阵,战死在沙场,执行了对自己的刑罚。

楚庄王听说晋兵已经渡过黄河,便召集将领们商量对策。令尹孙叔敖主张与晋军讲和,然后收兵,而一批年轻的将士都主张迎战,使楚庄王一时拿不准主意。有一位叫伍参的小臣说:"晋军主将荀林父刚掌兵权,还没有威信,副将先毅倚仗父辈的功劳,看不起荀林父。三军的将

第三章 芈姓之熊

领虽想主动出击,又没有权力作主,士兵们不知道听谁的号令。晋军上下不齐心,没什么战斗力。面对这样的敌人,却不去攻打它,恐怕有损我们楚国的尊严吧?"楚庄王听伍参分析得合情合理,便命令楚军摆开阵势,把战车一律朝向北方,准备出战。孙叔敖见晋军来了六百辆兵车,军力雄厚,总觉放心不下,他和楚庄王说:"我看不如先派人去议和。他们如果不愿意,偏要打,我们再迎战也不迟,到那时候,理就在我们这方了。"楚庄王同意了这个建议,派蔡鸠居(人名)前往晋军。

荀林父令人接待蔡鸠居,表示同意议和,并且建议双方同时退兵。蔡鸠居完成了任务,准备返还楚营。谁知先縠早在营帐外面等着,他见蔡鸠居从帐中出来。一下拦住道:"刚才接待你的人未曾说清楚,你回去告知你们国君:我们这回来,不将你们杀个落花流水,誓不收兵!即使我们主将愿和,我先縠也不会答应!"蔡鸠居十分气恼,没有理先縠,继续向外走。才到军营门口,又碰到了赵同、赵括。这两个人拿弓指着蔡鸠居的头骂道:"小心你的脑袋!回去告知你们那个蛮子头,小心碰到我们手上!"

蔡鸠居返回楚营。将他受侮辱的情况向楚庄王讲了一遍。庄王顿时大怒,问:"谁敢冲头阵,给晋军些厉害瞧瞧?"大将乐伯应声挺身而出。跳上战车,径奔晋军大营。走不远便碰上了十几个巡逻的晋兵,乐伯也没说话,一箭一个,接连射倒三个,还下车活捉一人,然后跳上战车。向回便走。晋军看有楚将杀人,分三路来追。乐伯大叫:"晋军小心,我左边射人,右边射马。着箭!"说完便左一箭,右一箭地射起来。果然箭无虚射,左边射倒三四个人,右边射伤三四匹马,吓得晋兵谁也不敢再追,眼睁睁地看着乐伯返回楚军大营。

荀林父见楚兵来挑战,急忙又派魏锜去议和。魏锜就是跟随晋文公重耳逃难的魏犨的儿子。魏锜要当大夫,没能当上,一直不满意,恨不得晋军大败。荀林父被治罪,自己好取而代立。荀林父命他去讲和,他反下了战书,回来后却向荀林父说:"楚王不同意议和,一定要一决胜负。"晋将赵荫认为自己高强,总想露一手让主将看看。到晚间,他乘着夜色带领部下去偷袭楚营，不小心被楚兵发觉。楚兵大声发出警报，他吓得上车便跑。楚庄王弄明情况之后，驾车前去追赶。楚军将领见庄王亲自出马，纷纷跟了上来。孙叔敖和庄王说："兵法曰'宁可我追人，别让人追我。'晋兵欺人太甚！既然众将都跟出来了，咱们何不乘其不备，冲杀过去！"这时候，天还没亮，楚庄王下令攻击。刹间，鼓声似雷，兵车飞驰，楚军将士争先朝晋国军营冲去。晋军将士睡得正香。半点没有准备；荀林父听到鼓声阵阵，赶忙下令抵抗。两国兵马在邲城（郑地，今河南郑州东）郊外大战起来。晋兵才从梦中惊醒，乱哄哄的。阵容不整，指挥失灵，抵抗无力。而楚军斗志正高，往来冲杀，如入无人之境，没多长功夫，就把晋军打得溃不成军了。荀林父领着残兵败将，仓皇逃跑。只见先縠自后边赶了上来，头上中了箭，满面鲜血，拿战袍裹着。荀林父恼恨地说："猛将也落得这样的下场吗？"正说话间，晋国残兵都跟上来了，荀林父下令赶紧渡河。怎奈船少人多，你争我抢，自相践踏。船上的人装满了，后来的人抓住不放，把船挤翻了不少。先縠站在船头，喊道："谁再抓住船不放，用刀剁他的手。"于是那些上了船的士兵举起刀来，砍那些攀船的士兵。只见刀起手落，惨不忍睹。失去手的晋兵掉到河里，被水冲走，把河水都染红了。楚庄王率领楚兵开进邲城。有人劝他乘胜追击，楚庄王说："楚国自从城濮之战输给晋军，就不敢与晋国争锋。这回胜利，足以洗耻。晋国、楚国都是大国，早晚总得议和，何苦多杀人呢？"因此，下令楚军当即收兵，不再追赶，放晋国官兵渡河回国。

邲城大战，拥有六百辆兵车的晋国人马，一战之间几乎全部覆灭，而三年未鸣的楚庄王终于一鸣惊人。以后，楚庄王又陆续使鲁、宋、郑、陈等国归顺，他继齐桓公、晋文公、秦穆公之后，也当上了霸主。他前后统治楚国二十三年，使楚国强盛一时。

◎ 楚威王：最后的辉煌

息民自重

楚威王，熊氏，名商，是楚宣王的嫡子。公元前 340 年，楚宣王去世，楚威王继承王位，成了楚国的一国之主。楚威王虽然仅仅只做了十一年的国王，但是，他为楚国历史发展所作出的贡献，在整个战国时代，都无人能比；他虽然仅仅只做了十一年的国王，但是，他却通过自己的文治武功，将楚国建设成为了当时最为强大的国家。在他的领导之下，楚国进入战国史上的极盛时期。

楚肃王在位十一年，因为吴起变法失败，七十余家宗亲权贵遭到诛戮，楚国一时空虚，政局显然也动荡不安。楚肃王为了稳定统治，对外妥协退让，未主动出击。如公元前 377 年（楚肃王四年），蜀伐楚，取兹方（今湖北松滋），楚被迫筑扞关（今湖北宜昌市西），进行防御。（《史记·楚世家》公元前 375 年（楚肃王六年），魏攻楚，战于榆关（今河南中牟西南），韩国乘机而攻灭郑国，并迁都至郑（今河南新郑）。（《史记·韩世家》。）郑自春秋以来，一直是楚国北上争霸的中间地带，对楚国来说，其战略地位十分重要。但楚肃王无能为力，历来是自己的与国，就这样轻易地被韩国灭亡了。公元前 371 年（楚肃王十年），魏又攻楚，取鲁阳（今河南鲁山），魏国势力伸入到楚国方城北，楚肃王仍未反击。可见，楚肃王对外是极其谨慎的，采取了休兵息民的政策。

公元前 370 年（楚肃王十一年），楚肃王卒，由其弟熊良夫继位，是为楚宣王（前 369－340 年）。楚宣王卒，子熊商立，是为楚威王（前 339－329 年）。楚威王统治四十年，各国内部改革持续进行，对外"广辟土地，著税伪财"（《墨子·公孟》），兼并战争激烈，形势也更加错综复杂。在这种情况下，楚宣、威王一方面坚持休兵息民，保持实力，不轻易出击；另一方面则洞察形势，抓住有利时机，也大力加入兼并战争的行列，攻城略地，开拓疆域，使楚国在战国时期出现了最强盛的局面。

以楚毁齐

从战国初期魏国独霸中原至战国中前期魏国由强而衰的一百多年中，七强并立的局面逐渐形成。七强中，除燕国地处赵国东北，插足中原争战不多外，三晋间及三晋与齐、秦之间的矛盾与争夺，一直极其尖锐复杂。其中先强之魏与后来日强的齐、秦的争战尤为激烈。举足轻重的楚国，面临如此复杂形势，始终持郑重稳妥方针，实行积极的休兵息民策略，既不轻率出动，又伺机进击，显示出一个大国强国十分稳重的态势，这也正是楚威王的精明老练之处。

《战国策·魏策二》记魏因在马陵之战中为齐所败，魏惠王要举兵报复，魏相惠施不同意，说：我们刚刚战败，魏国已经没有实力与齐国对抗了，更不用说举国伐齐了。不如暂时屈节于齐国，同时游说楚国共同伐齐。楚国经过数十年的休养生息和吴起变法，国力已非常强盛，让强盛的楚国讨伐疲于战事的齐国，必胜无疑。这可以称得上是以楚毁齐了。

惠施

惠施，宋人，是名家的代表人物。他在公元前334年至前322年间（魏惠王后元元年到十三年）做魏的相国，主张联合齐、楚，尊齐为王，以减轻齐对魏的压力，曾随同魏惠王到齐的徐州，朝见齐威王。他为魏国制订过法律。到公元前322年，魏国被迫改用张仪为相国，把惠施驱逐到楚国，楚国又把他送到宋国。到公元前319年，由于各国的支持，魏国改用公孙衍为相国，张仪离去，惠施重回魏国。

惠施也和墨家一样，曾努力钻研宇宙间万物构成的原因。他的著作

第三章 芈姓之熊

已经失传，只有《庄子·天下篇》保存有他的十个命题。

经过马陵之战惨败后的魏国接着又为秦所败，齐、秦、赵又不断来攻，处境日蹙。在此情形下，魏惠王不得不听取了惠施意见，于公元前334年（楚威王六年）至徐州（今山东微山东北）朝见齐威王，尊齐威王为王，齐威王也承认魏惠王的王号，史称"徐州相王"。"徐州相王"，是战国中前期一件大事。它标志着魏国的霸主地位已经丧失，从此战国时代的封建兼并战争已进入了新的阶段。由于魏、齐"相王"（相互承认为王）而"卑秦、楚"，不仅楚、秦等大国不满，其他国家也深感不安。

楚威王对此愤怒已极，"寝不寐，食不饱"，第二年，即公元前333年（楚威王七年），即亲领大军伐齐，与齐将申缚遇于泗水之上，进围徐州，大败申缚。赵、燕两国也乘机分别出兵攻打齐国，此即"徐州之战"。楚威王打败了齐国，因齐相田婴参与了"徐州相王"的策划，便逼迫齐国驱逐田婴。田婴恐慌，齐臣张丑在楚威王面前伪称如驱逐田婴，则必用田盼子，这对楚国是不利的，楚威王才没有逼迫齐国驱逐田婴。

原战胜"万乘之魏"的齐国，类似相国的去留，现在竟要听命于楚。从"徐州相王"至"徐州之战"，表面上看来，是惠施谋划的成功，实际上是为楚威王提供了良机，取得了败齐弱魏、插足中原的胜利。这样，楚国的势力和楚威王的声望，煊赫一时。

楚威王统治四十年，励精图治，对外利用矛盾，伺机出击，使楚国在战国中前期成为雄踞大江南北一泱泱大国。《战国策·楚策一》记策士说楚威王语：楚，天下之强国也。大王，天下之贤王也。楚地西有黔中、巫郡，东有夏州、海阳，南有洞庭、苍梧，北有汾陉之塞、郇阳。地方五千里，带甲百万，车千乘，骑万匹，粟十年，此霸王之资也。夫以楚之强与大王之贤，天下莫能当也。此虽系策士游说之辞，但却符合楚威王盛世的实际。楚威王不愧是战国时代继楚悼王之后最有作为的国君。

◎ 楚怀王：陨于妇手

怀王

楚怀王名槐，是楚威王的儿子，楚顷襄王的父亲。楚怀王在位期间，正值魏国霸业衰落，魏国独强的一元政治向群雄并起的多元政治转变时期，斗争十分激烈。楚怀王先后与战国时期的名君魏惠王、齐威王、秦惠王、赵武灵王、燕昭王、秦武王、秦昭王、齐湣王斗法，邻国众多的楚国经常成为各国合纵运动的打击目标，在国际斗争中的处境异常复杂艰难。

楚怀王趁秦惠王重创齐国，秦国又因秦武王暴毙发生内乱之际，全力灭掉了当时的大国越国，使楚国一下子变成了令人畏惧的巨无霸，对中原国家造成了极大的压力，引起了秦、齐、韩、魏的恐慌。

楚怀王灭越

公元前321年，秦、韩、魏与楚齐对峙，楚调发大军包围秦兵于曲沃和商於，越王派使者以"乘舟"（君王乘坐用以指挥作战的大船）、战船三百艘、箭五万支，支援魏国。这时越王原要伐齐，经齐王使人游说越王，越不攻齐而攻楚，被楚打败。因此楚图谋灭亡越国，消除后顾之忧，并扩展领土到江东一带。公元前307年秦武王举鼎绝膑而死，秦国有争立君位的内乱，一时无暇对外兼并，楚就趁这个时机图谋攻灭越国。楚国曾派大臣昭滑到越国去活动了五年，到公元前306年（楚怀王二十三年），楚国乘越内乱，把越国灭亡了。

楚怀王是一个有雄心有抱负的国王，是楚国历史上十分有作为的一位国君，深得楚人的尊敬。楚怀王任用昭阳、靳尚、昭睢、庄蹻、唐昧、屈原、昭滑、陈轸、苏代、田忌、公孙衍等人，楚国一度人才济济，国势大盛。楚怀王和唐昧积极变法，恢复了楚悼王、吴起时期的许多法令，调整楚国矛盾重重的各种利益集团的力量对比，抑制楚国的贵族集团，使楚国大量的外姓贵族、地方豪强、平民百姓得以参政，国家的实力大增，使楚国出现了前所未有的强盛时期。由于楚怀王的改革照顾了广大的楚国平民的利益，楚怀王得到了楚国百姓的拥护，在楚国民间的地位十分高。

但是楚怀王的改革触犯了昭、屈、景三大贵族的利益，他们与楚怀王重用的豪强和外姓贵族发生严重的冲突。这种冲突影响到了楚国与秦、齐、韩、魏的军事斗争，造成唐昧战死、庄蹻叛乱的严重后果。

楚怀王时期的楚国对外关系分为两个阶段，灭越之前主要与秦斗，灭越之后主要与齐斗。楚国在唐昧战死、庄蹻叛乱后，国势大衰，楚怀王被迫向齐国和秦国求和。宣太后和秦昭王却趁楚怀王入秦之机，不顾国际交往的基本准则，强行扣留楚怀王，向楚国勒索土地，遭到了楚怀王的严词拒绝。楚怀王最后客死秦国。

楚怀王死后，楚人十分悲痛，深深怀念这位强国利民的国王，而对秦国的仇恨之情世代相传。在秦末的暴乱中，项梁正是打着楚怀王的旗号，才得到了楚人的支持。项梁听从范增的建议，仍然奉熊心为楚怀王。楚人蜂拥而起，追随项梁和楚怀王的孙子熊心，成为推翻秦统治的一股主要力量。

纵约长

楚怀王即位之初打的第一个漂亮大仗就是击败了魏惠王的进攻。

公元前329年，楚威王去世，魏惠王趁楚怀王刚刚即位之机，派军进攻楚国，楚怀王命令昭阳击败魏国的进攻后，与秦惠王、齐威王联合，从东、西、南三个方向掠取中原土地，其中最重要的就是掠取主要为魏国控制的中原最富庶的三河之地（晋西南的河东、黄河与太行山西南麓之间的河内和黄河以南的河南）。秦国的目标是河东，齐国的目标是河内，楚国的目标是河南，魏国的局势立即紧张起来。魏惠王联合赵、韩、燕、中山四个北、中部国家，联手对抗秦、齐、楚三国的掠地攻势。楚怀王命令昭阳率军进攻魏国南部的军政重镇襄陵，夺取了八个城邑，魏惠王被迫向楚怀王求和。

  这个时候，齐国发生了丞相邹忌与将军田忌内斗的严重政治事件。田忌引军进攻临淄城中的邹忌和支持邹忌的齐威王，齐国的国内局势动荡不安。对于强大齐国发生的内乱，楚怀王密切关注，等待破齐的机会。田忌进攻临淄的军事行动遭到惨败，逃亡楚国，被楚怀王收留，楚怀王要利用田忌攻齐。田忌本来无意反齐，只因与邹忌有矛盾，才被迫投楚谋齐。齐威王在田忌奔楚后，为了不给楚怀王攻齐以口实，免掉邹忌，任用田婴为相，招田忌回齐。楚怀王命攻魏大胜的昭阳进攻齐国，齐威王十分恐惧，向楚怀王求和。由于齐国内乱刚平，楚国又声势正旺，齐威王不得已以很低的姿态与楚怀王交往，表示愿意接受楚国的领导，与楚国结盟。

邹忌与田忌之争

  齐国的邹忌与田忌，一个为文官，一个为武将，两个人的关系相当紧张。齐威王对此也作过不少调解，但终是不见效。邹忌劝说齐威王，让他派田忌出兵去攻打魏国，图其战死。田忌结果却是三战三捷，大败魏军。邹忌又派一个人，自称是田忌的手下，到占卜市场上进行问卦。只听那人对卜者说："我是田忌手下的人，我们的主师领兵攻打魏国，已是三战三胜了，威名扬遍天下。现在，他想反叛国王，自己当上国君，你看能成功吗？"原来这人正是公孙暗中派来假充田忌部下来为田忌占卜，故意说一些田忌准备反上叛君的话，当化装成田忌部下的人刚从占卜的铺子里走出来，另一批人立即冲进铺子内，把那个负责卜签的巫师抓走，带到了齐威王面前。邹忌当着齐威王的面审问那位巫师。那巫师

第三章 芈姓之熊

早已吓得魂不附体,只好如实他讲出了刚才事情的经过。齐威王听后,勃然大怒,田忌听说后,幸亏这时不在国都,而是在齐魏边境的交战处,于是逃到楚国去了。

在此期间,秦国迫使魏、韩与秦国结盟,对抗齐、楚。魏惠王知道秦国的真实意图是借与齐、楚对抗而驱使韩、魏与齐、楚争斗从而削弱韩、魏,为秦国进一步控制韩、魏创造条件。

不久,齐威王田因去世,齐宣王田辟疆即位。齐宣王继续采取南和楚国,北控燕国的策略。

楚怀王十年(公元前319年),魏惠王见楚怀王已压倒齐国,便与韩宣王迅速倒向楚国,表示魏国一直是跟随楚国的,秦国的强迫不能使魏国脱离楚国,劝楚怀王伐秦。楚怀王在压倒齐、魏两个大国后,本来就有意打击日渐强大的秦国,于是任用公孙衍代表自己为总联络人,组织合纵攻秦。公孙衍是魏人,从楚入魏,与魏惠王商议攻秦大计。魏惠王罢免魏相张仪,任命公孙衍为新的魏相,并驱逐张仪回秦。在公孙衍的穿梭下,楚、齐、赵、魏、韩、燕、义渠很快就形成了七国合纵攻伐秦国的局面。

楚怀王十一年(公元前318年),七国公推楚怀王为纵约长,从东西两个方向攻秦。楚怀王声明大噪,俨然成为魏惠王之后的又一位霸主。

赵国和义渠从西面攻秦,楚、齐、赵、魏、韩、燕从东面攻秦,秦国的形势变得极为紧张。为了扭转这种不利的局面,秦惠王鼓励秦国的重要盟友宋国称王,牵制齐、魏、楚。

宋国此时的国君是戴偃,戴氏本是宋国的权臣,戴偃的哥哥戴子罕废掉了宋桓侯子璧兵,从此,戴氏取代子氏成为宋国的国君。后来,戴偃发动政变,进攻戴子罕。戴子罕战败,逃亡齐国,戴偃夺取了君位。戴偃夺取君位后,变法图强,国力大增。同时,戴偃积极进行军事建设,大力练兵。

宋国夹在齐、魏、楚三大强国之间,长期受到三国的挤压。戴偃夺取政权时,正值魏国霸业衰落、群雄并起之际。戴偃没有参与中原大国间的争斗，而是埋头国内建设，增强实力，俟机扩张。

关东六国和西方的义渠大举攻秦，所有国家的注意力都集中在秦国，戴偃认为正是宋国扩张的良机。戴偃接受了盟国秦国的建议，自立为王，向东进攻齐国，连拔五城。向南进攻楚国，取地三百里。魏惠王命令魏军进攻宋国，结果也被宋王偃大败，宋王偃声名鹊起，宋国一跃成为中原的强国。

楚、齐两国受到宋国的威胁最大，楚怀王和齐宣王立即从进攻秦国的联军中抽调本国的军队，从西往东进攻宋国。同时楚国和齐国还分别从宋国的南方和东方进攻宋国，宋国遭到了三面的进攻。出乎楚国和齐国意料的是，一向脆弱的宋军在宋王偃的调教下，竟成了一支虎狼之师，面对强大的齐军和楚军毫无惧色，三国军队展开激战。

宋王偃

宋王偃即戴偃，又称宋献王，战国时宋国国君。司城子罕（剔成肝）之弟。子罕逐杀宋桓侯，易子宋为戴宋，至前328年，又为戴偃所攻杀。夺权后，迁都彭城（今江苏徐州），内修王政，讲仁义；外灭滕侵楚，国势再振。后与太子争权，发生内乱，引起外国干涉。前286年，为齐所灭，他出奔到魏。

偏居中原东北的燕国本来就对攻打不搭界的遥远秦国不感兴趣，只是在齐国的压制下，才派出一支军队壮壮联军声势。这一年，燕王哙要学尧舜禅让故事，将燕国的君位禅让给了燕相子之，自己反向子之南面称臣。子之对齐国压迫燕国一直很生气。即位后的第一件事，就是将被齐国胁迫出兵的燕军调回。如此一来，楚、齐、燕三军撤去，秦国的压力小多了。

楚国和齐国没有制服宋国，楚怀王、齐宣王见宋军很强，难以骤然战胜，便和宋王偃讲和，承认宋王偃的王号。宋王偃见好就收，与楚、齐言和。

秦国在西部战场被义渠打败，义渠深入秦境，咸阳震动。此时在东方战场与秦军交手的主要是赵、魏、韩,秦军迟迟不能在东线扭转局势,而西线又十分吃紧,秦国人心惶惶。楚怀王十二年(公元前317年),秦惠王命令异母弟樗里疾组织敢死军团,全力争取东线战场的胜利。秦惠王再请宋王偃从东方牵制魏国。宋王偃联系齐宣王攻魏,齐、宋在观泽大胜魏军。樗里疾见魏国后院火起,亲率秦军向赵、魏、韩联军殊死反击,将三晋联军一直赶到魏国的河南长城。在修鱼两军再战,樗里疾大败三晋联军,结束了东线的战争,为秦国解决西部的义渠创造了条件。

楚怀王组织的这次七国合纵攻秦战争虽然没有取得胜利,但却打击了秦国的声势,对秦国的国力也有相当大的削弱。同时,楚怀王由于被推为七国合纵的纵长,已有霸王之相,楚国在中原各国中的地位大大提高。

秦楚决战

楚怀王十三年(公元前316年),楚国西方的巴、蜀两国相攻。巴、蜀两国占据的西南地区有肥沃富饶的成都平原,楚国一直都想得到这个地区。原先,位于巴、蜀东方的楚国要想进攻巴、蜀,就难免处于仰攻状态,再加上山高水急,楚国对巴、蜀的进攻是十分困难的。后来,楚国在与秦国的争夺中取得胜利,占领了巴、蜀北面的汉中地区,对巴、蜀产生了压顶之势。但是楚国却无法通过苴国占领的剑门进入巴蜀腹地。此次,苴、巴联合抗蜀,苴、巴不利,眼看就要被蜀国战败,楚怀王命人与苴、巴两国国君联系,表示楚国愿意出兵帮助苴、巴战胜蜀国。胜利后,愿与苴、巴平分蜀地。苴、巴两国国君知道楚怀王的野心很大,一直都想通过汉中进入巴、蜀腹地。如果楚怀王入蜀,必然是巴、蜀、苴全灭。苴、巴拒绝了楚怀王,向与巴、蜀隔着楚国汉中地的秦国求救。对于这个天上掉下来的大馅饼,秦惠王当然不会错过。秦国与巴、蜀隔着楚国占领的汉中,只有绕道陇西才能进入剑门。此前,秦国和楚国都曾经试图进入巴、蜀,但都没有成功。苴、巴两国国君以为秦国路远,战胜蜀国后,不易久留,难以为患。不想,秦惠王派出张仪、司马错率领秦军精锐进入剑门,灭掉蜀国后就把苴、巴两国也灭掉了。秦国占据巴、蜀,让楚怀王十分愤懑,命令汉中的楚军向巴、蜀进攻,与张仪、司马错发生激战。但由于两条入蜀的通道都被秦军控制住了,楚军难以攻入,只得作罢。此后,楚国在西部与秦国的争斗更激烈了。

楚怀王十四年(公元前315年),燕太子平向子之进攻,燕国陷入到内战当中。赵武灵王和齐宣王插手燕政,使燕国的局势更加动荡。

楚怀王十六年(公元前313年),秦国通过一系列的军事打击,使韩、魏与秦国结盟。秦惠王希望通过与韩、魏联合,对楚国形成西、北两个方向的夹攻,以抑制楚怀王咄咄逼人的攻势。

楚怀王联合齐宣王和宋王偃对抗秦、韩、魏。齐国和宋国对魏国的河南地一直念念不忘。尤其是齐国,在齐湣王时已经与秦、楚形成了联合攻魏的局面,而且楚国已经取得了军事上的胜利,结果由于邹忌与田忌的内战而使得齐国没有分得攻魏胜利的一杯羹。

楚、齐、宋集团与秦、韩、魏集团形成后,双方都积极调兵遣将,准备打赢这场战争。

楚怀王十八年(公元前311年),楚怀王命令柱国景翠出方城进攻驻防韩国雍氏(今河南禹州东北)地区的韩军。雍氏地区的陉山是个十分险要的关隘,迫近韩国的都城郑,楚威王曾经占领过这个地方。在楚怀王即位之初,魏惠王就派人夺取了陉山这个要塞,楚怀王对此一直耿耿于怀。此时的陉山已经易手到了韩国手里。由于陉山是韩都郑的西南门户,韩国在此驻有重兵。

景翠对雍氏、陉山的进攻十分猛烈,韩军难支,韩都郑告急。秦惠王和魏襄王分别派军,从西、东两个方向包围景翠。楚怀王命令汉中守军压制秦国的巴蜀地区,不让秦军从巴蜀出兵攻楚。楚怀王另派一军进逼秦国在秦岭、崤山之间的重要通道武关(今陕西商南西北),阻击秦军从此攻击楚国的南阳地区。楚怀王另派一军,在齐军的加强下,攻击函谷关以东、秦军占领的河南曲沃(今河南三门峡西),意在卡住函谷关,

第三章 芈姓之熊

切断进入河南的秦军归路。

楚怀王的战略意图非常明确,就是要卡住秦国东向的两个交通要道武关和函谷关,切断入韩秦军与秦国本土的联系,全歼这支秦军。

与此同时,齐、宋联军进攻魏国的河南地,攻取了魏国的煮枣(今山东东明南),解除了魏军对宋国商业城市陶(今山东定陶)的威胁。

秦、韩、魏与楚、齐、宋的战争全面展开。战争初期,无论从战争态势,还是战役进行方面,秦韩魏联军都处于明显的劣势。

由于楚怀王切断了秦国通往韩国的两条交通要道,入韩秦军因归途被断而人心惶惶,战斗力受到严重影响。而魏军和韩军在楚、齐、宋的猛烈打击下,只有招架之功,而无还手之力。更重要的是,由于汉中楚军对巴、蜀的压迫,驻守巴、蜀的大量秦军精锐部队出不来。楚国在武关方面的军事长官是名将屈丐。屈丐不仅指挥围攻武关的楚军,还统一调度汉中、南阳的楚军,负责楚国别都鄢(今湖北宜城东南)和工商业城市邓(今湖北襄樊北)的防务。屈丐负责的是楚军在这次大战中最大、最重要的一个战区,手下有大量的楚国高级将领,楚国的精锐部队也尽归屈丐指挥。楚怀王的打算是先歼灭入韩秦军,制服韩魏,然后从武关打入秦国,迫使秦国放弃对巴、蜀的控制权,因而对武关战区十分重视。

秦惠王在对整个战场形势进行研究后,也决定把秦军扭转战局的突破口选在武关。函谷关一带的秦军和楚、齐联军正在进行拉锯战,在短时间内很难决出胜负。秦军即便获胜,夺取了东出函谷关的通道,通过这条通道也只能进入韩国境内,面临的还是与楚、齐、宋混战的局面,并不能扭转战争的整个局势。武关方面的楚军与汉中守军对秦国的压制力很大,如果屈丐攻破武关,北犯咸阳,秦国上下必定会为此而动摇,咸阳是一个不设防的城市。而如果秦军能够战胜屈丐、打败武关楚军的话,整个战争形势就会急转直下,形成对秦国极为有利的局面。战胜屈丐,秦国不仅可以解除武关的压力,还可以从西面与巴蜀夹攻汉中,东面直击楚国的南阳地区,压迫鄢、邓、宛、叶,从背后掏取楚国的方城守军。秦军更可以继续向南,直取楚国的都城郢。秦惠王知道,楚怀王也深深懂得武关战区的重要性，派出了楚国名将屈丐镇守此地。再好的战略构想只有完成才能发挥作用，否则就只能是空想。秦、楚对武关地区的争夺是这场大战控制与反控制的关键。为此，秦惠王亲自去请老将魏章出马，同年魏章领军攻楚，秦、楚两国军队在丹阳（今河南西峡西丹水以北地区）发生大战，秦大胜，虏楚大将屈丐及裨将逢侯丑等七十余人，斩首八万。

魏章

魏章就是当初商鞅诈取的公子魏卬。魏章在魏时就已经是名满华夏的名将。商鞅知道，如果凭战场上的真功夫，秦军肯定不是魏章的对手。要想战胜魏章，只能靠诈取。魏章被俘后，得到了秦孝公的热情接见。当时秦国由商鞅独掌朝政，朝中能人不多。孝公有意留魏章在秦，魏章在听说家人由于自己丧师辱国而被法办后，也就留在了秦国。秦惠王对魏章是十分器重的，在攻楚战争中，公子疾和甘茂两位秦国的重臣被作为魏章的助手使用，足可以看出魏章在秦惠王心里的位置。而魏章也不负秦惠王的厚望，连败齐楚名将，夺取了战略要地汉中。

随着西线的胜利，秦接着出兵助韩攻楚，反围楚柱国景翠。秦、魏联军又对齐国发起反攻，攻至濮水，虏其将声子，逐其将匡章。

楚怀王见西、北两线俱大败，十分恼怒，立即调动全国军队举行反攻，在蓝田（今陕西蓝田）大战，结果楚军又被打败。韩、魏乘楚受困，出兵南下袭击，一直攻到楚国的邓（今湖北襄樊北）。楚军只得撤退，楚国被迫割去两城，向秦请和。公元前311年，秦又攻楚，攻取了召陵，楚国无力还击。

公元前312年丹阳、蓝田之役，是楚国历史上的重大事件，秦国取得了决定性的胜利，楚国势力受到沉重打击。从此，楚国"亡地汉中"（《史记·楚世家》），国势已明显衰弱了。楚国对外政策的失误及楚怀王的昏聩无能，是造成这次失败的主要原因。秦先得巴蜀，现又取汉中，与本土连成一片，国力大大增强，对楚国构成了直接的威胁。楚国只能穷于应付，完全丧失了主动进攻的能力。

第三章 芈姓之熊

客死异乡

公元前307年,秦武王入洛邑"窥周室",与大力士孟说举鼎,折断筋骨而死。秦武王无子,国人立其异母弟稷继位,是为秦昭王。秦昭王年少,太后(宣太后)听政,以己异父长弟魏冉为将军。宣太后与魏冉遂掌握了秦国的军政大权。

宣太后,楚人,芈姓,掌政后,与其弟魏冉实行亲楚联楚政策。宣太后为秦昭王娶楚女,楚亦娶秦女,秦、楚"合婚而欢"。宣太后影响下的秦、楚两国关系取得了实质性改善。

可是,楚怀王十分渴望得到秦国占领的巴蜀和汉中的肥沃土地,对于秦国来说,楚怀王是一个非常可怕的邻居。宣太后决心不计任何手段也要除掉楚怀王。她先利用自己出身楚国有楚国血统的事实,与楚怀王叙家谱,展开感情攻势。接着又示秦弱,主幼国疑,装出一副孤儿寡妇的模样。要割地嫁女与楚国结盟,希望得到楚怀王对她们母子的支持。结果,楚怀王被这个女人给骗了。

秦国以秦昭王的名义给楚王写了一封国书请求和解,希望和楚怀王在武关相会并盟约。楚怀王看到秦王的信,想赴会,又担心受骗;想不去,又担心得罪秦国,于楚不利。此时,秦国宣太后信誓旦旦地给出了安全保证,于是怀王听信于她,去会见秦昭王。楚王一到,秦兵就关闭了武关,于是劫持怀王到咸阳,秦昭王在章台会见怀王,对待怀王就像对待附属国的臣子一般。楚怀王大怒,后悔没听昭雎的劝告。秦昭王扣留了怀王,要挟楚国割让巫、黔中的郡县给秦国。怀王怒道:"秦国欺诈我,又强迫要挟我割让地盘!"便没有再答应秦昭王,秦昭王因此扣留了楚怀王。

面对这种形势,太子又在齐国做人质,楚国大臣于是想拥立在国内的楚怀王的儿子。昭雎说:"君王与太子都在诸侯国受困,今天又违背君王的命令另立庶子,那是不合适的。"于是蒙骗齐国,派使者到齐国报丧。齐湣王对国相说："不如扣留太子以便求取楚国的淮北。"国相说："不可，郢中如果立了君王，我们就空留人质并在天下人面前做出不义的事了。"有人说："不对。郢中如果立了君王，正好借机和新王做个交易说'您给我们下东国，我们就替您杀死太子，否则，将和秦、韩、魏三国联合拥立太子'。这样，下东国一定就到手了。"齐王最后还是采用国相的计策送回了楚国太子。太子横回楚后，被立为君王，这就是顷襄王。于是楚人通告秦国说："依赖社稷的神灵，我国有君王了。"

顷襄王元年（前298年），秦国要挟楚怀王却得不到地盘，楚国立了君王对付秦国，秦昭王大怒，派军出武关攻打楚国，把楚军打得大败，杀死楚国五万士兵，夺取了析邑等十五座城离开楚国。顷襄王二年（前297年），楚怀王从秦国逃跑了，秦国发觉后，封锁了通往楚国的道路，楚怀王从小路到赵国借路回楚。赵主父已退居代地，他的儿子惠王刚刚即位，代行赵王的职事，不敢收容楚王。楚怀王想跑到魏国，秦兵追上了他，楚怀王只好和秦国使者又回到秦国。这时，楚怀王生了病。顷襄王三年（前296），楚怀王在秦国去世。秦国把他的灵柩送回楚国。楚国人哀怜楚怀王，就像失去自己的父母兄弟一样，遗恨深远，终于转化为日后灭秦的熊熊烈焰。

后世遗踪

郡望在江陵郡，原为春秋时楚国郢都（今湖北江陵西北纪南城）。汉代设置江陵县，为南郡治所。南朝齐改置江陵郡，在今湖北省江陵及川东一带。熊姓多文人，少武将。楚被秦灭后，走向沉寂。自汉开始，熊姓人逐渐为官，南北朝时走向兴旺，出现了众多才士俊杰。北朝有经学家熊安生，著有《周礼义疏》《礼记义疏》共六十卷。唐代诗人熊孺登曾与白居易、刘禹锡唱和吟诗。宋元时期有受业于朱熹的熊兆、画家熊应周等。元朝提刑御史熊如泉等。明代以后，熊姓名人，灿若星河，有"嘉靖八才子"之一的熊过，有过目不忘的熊万仞，书法家熊方受，享誉国内外的诗人熊少牧，经略辽东、励精图治反被冤杀的熊廷弼，康熙年间的名臣熊赐履及清代哲学家熊伯龙等。近代熊姓名人卓越显达的有政治家熊希龄，革命者熊克武、熊秉坤、熊成基，哲学家、新儒学代表熊十力，戏剧家熊佛西，数学家熊庆来等。熊姓在当代百家姓中居于六十八位，全国熊姓人口大约有400万。

第四章　夺齐妫氏

　　齐国田氏本是陈氏之后，而陈氏是东夷之王帝舜（也就是尧舜中的"舜"帝）的直系，但田氏代齐后，却以姬氏的黄帝轩辕为先祖，以抬高自己的身价。齐国是上古时代东夷人最多的地方（齐人也被叫莱夷人）。齐国王室田氏正是东夷之王舜帝之后妫氏的一支。（实际上田氏是妫氏陈姓的分支，他们是陈国的王室之后。客居齐地后，因为齐人田陈两音不分，为了与原来的陈国王室区分开来，就改作田姓。）

代表人物：齐威王（田因齐）　　齐宣王（田辟疆）　　齐湣王（田地）

对政局影响：在姜氏为齐王的时代，田氏逐渐掌握了齐国军政大权，后灭姜氏，建立起来的田氏齐国一度在列国中称霸，没有哪个国家的影响力能跟齐国相比。

溯本追源：周初胡公满受封于陈国（在今河南省淮阳县），十一世孙陈完为避祸逃奔到齐国，食采于田，改称田氏。

后世遗踪：齐威王时代是齐国在战国时期最强的时期。后来燕军入侵，齐国几灭，虽然经过田单复国，但经过这一折腾，齐国从此再也没有力量争霸了。

◎ 齐威王：徐州相王

陈侯因齐

齐国是一个大国，在诸侯中具有举足轻重的力量，齐国原为姜子牙之封邑，至齐桓公姜小白时"九会诸侯，一匡天下"，成为公认的霸主，盛极一时。战国初期，大小国家只余下二十来个，其中又以韩、赵、魏、楚、燕、齐、秦最为强大，号称"战国七雄"。燕、楚、秦是春秋旧国，韩、赵、魏则由瓜分晋国而形成，而这时的齐国，姜氏之国亦大权旁落，渐为卿大夫田氏所控。

姜氏齐国

齐国原系周室分给功臣姜尚之封邑，其封疆东至海滨，西至黄河，南至穆陵（今山东沂水县北）、北至于无棣（今山东无棣），是周王室控制东夷的重要力量；同时周王还授予他征伐违抗王室的侯伯的权力。

战国初期，姜氏之国大权旁落，渐为卿大夫田氏所控。在公元前545年，田完四世孙田桓子，联合鲍氏以及大族栾氏、高氏合力在齐灭了当国的庆氏。之后田氏、鲍氏又共灭栾、高二氏。田桓子继而讨好公族与国人，"凡公子、公孙之无禄者，私分之邑。国之贫均孤寡者，私与之粟"，从而取得了公族与国人的支持。至齐景公时，公室腐败，剥削沉重。田桓子之子田乞，即田僖子，采取了一些争取民心的有效措施，终于凭借民心取代姜氏齐国。

田氏，妫姓，先祖田完本是陈厉公之子陈完。陈与田古音相近，故古书往往作田。后田完因乱逃到齐国。齐景公时，田氏采用小斗进、大斗出的手段笼络民心，齐之民归之如流水，既提高了田氏的声望，又发展了经济实力，这就是所谓"公弃其民，而归于田氏"。景公死后，田乞专政，其占有的土地比齐君封邑还大，齐国国君实际上变成了傀儡。公元前391年，国相田和将齐国国君齐康公放逐到海上，只留一城之地作为他的食邑，田和成为了齐国实际上的国君。公元前386年，周安王册封田和为齐侯，称齐太公。田氏在齐国的统治完全确立，史称"田氏代齐"。

齐威王正是田和的孙子，名田因齐，公元前356年即位，在位37年。齐国曾经称霸诸侯，号令天下。然而在从春秋末期到战国前期的一段时间里，齐国却已积贫积弱。田氏代齐之后，虽然也采取了一些改良的政策措施，但仍然无明显起色。威王刚开始时并不是一个有为的国君，他"好为淫乐、长夜之饮，沉湎不治，委政卿大夫"。在威王初继位的三年里，朝廷黑暗。整个齐国，危如累卵，人心惶惶。九年间，周边国家相继侵齐，不光有晋这样的大国，甚至有鲁国、卫国，乃至远在南方的越国。

齐威王的妻子虞姬见威王整天沉湎饮乐，决定冒死劝告齐威王振作，远离小人，励精图治，因而下狱。齐威王亲自审问虞姬，虞姬面斥君王，虞姬激烈的话引起了齐威王的思考，终于下定决心悔过自新。他放出虞姬，并让人把自己悔改的誓言铭刻在"陈侯因齐敦"（陈侯因齐敦是战国中期齐威王制作的一件食器。陈侯是田氏的祖先，因齐为齐威王之名）上。齐国的历史此后发生了戏剧化的转变。

徐州相王

齐威王为寻求治国栋梁，不拘一格地任用贤才。大批门第寒微的士人，被委以重任。孙膑本是被追杀的囚犯，而到齐国后，在田忌的推荐下，受到齐威王的信任和重用。

平民出身的邹忌，毛遂自荐，他带上一张琴，假说要为齐威王弹奏琴曲，借机顺利进宫。齐威王听说来了个会弹琴的琴师，很高兴地接见了他。他见了齐威王，鼓琴论政。齐威王本是音乐爱好者，邹忌的琴声让他听得入了迷。于是便把邹忌留在宫中，整天与他谈论治国安民的道理，一谈就是三个多月，于是得到齐威王重用，三月后得相印，次年封侯。从此，邹忌弹琴拜相的事，传为美谈。

邹忌

邹忌是战国时的一位政治家。生卒年不祥，齐国人。因鼓琴游说齐威王，被任相国，封于下邳（今江苏邳县西南），称成侯。劝说威王奖励群臣吏民进谏，主张革新政治，修订法律，选拔人才，奖励贤臣，处罚奸吏，并选荐得力大臣坚守四境。从此齐国渐强。

邹忌自从拜相以后，便开始帮助齐威王纠正弊端，树立正气。齐威王于是开始整顿吏治，有功者赏，有罪者罚，赏罚分明，重赏即墨大夫、烹阿大夫的故事，就是其中一例。齐威王他先派人暗地调查。有一天上朝，他突然问道："哪个是即墨大夫？"即墨大夫应声出列，等待问话。威王说："自从你到任后，不断传来你的坏话。说你怎样吃喝玩乐，贪污受贿，不理政事。说即墨怎样土地荒芜，民不聊生。可是我派人去即墨管理之地看了一下，那里社会秩序良好，官吏清廉，五谷丰登，六畜兴旺，人民安居乐业。为什么却有人常说你的坏话呢？是因为你不巴结我左右的人，不送礼给那些朝内大臣们。你一心为国家干事反而受了诬陷。你是齐国的良吏好官，今天我要当着大家的面奖赏你，给你一万户的食邑，让所有的官员都向你学习。"齐威王又把阿大夫叫出来，对他说："自从你上任以来，说你的好话天天传到我耳朵里，说你怎样勤于国事，废寝忘食。说你治理的阿地怎样官吏清廉，秩序良好。可是我派人到阿地看了一下，你那里贪官横行，盗贼蜂起，田地荒芜，民不聊生。赵国攻占郸地，你不领兵去救；卫国攻占薛城，你不闻不问。为什么反而有说你的好话的呢？就是因为你对朝臣一个个行贿，对我左右的人一个个收买。你这样的人只会败坏官吏队伍，损害国家利益。"说到这里，便下令把阿大夫和平日里赞扬阿大夫的官吏一齐烹杀。从此，齐国上下，吏治肃然，无论朝廷百官，还是地方官吏，都以阿大夫为前车之鉴，以即墨大夫为榜样，勤勤恳恳，忠于国事。

整顿完曾经荒废的朝政后，威王便开始收复失地，主要的敌人就是当时强盛的魏国。公元前354年，当赵国攻打卫国时，魏惠王便派庞涓率兵一举围了赵国都城邯郸。赵国连忙向齐求救。公元前353年，齐威王便派田忌为将，孙膑为军师，攻魏救赵。孙膑施展所学，采用常人意想不到的战路战术，舍赵而围魏都大梁，等庞涓回兵救援时，于半路桂陵设伏兵以攻之。结果，魏兵一败涂地，大将庞涓当了俘虏。孙膑的这种战术，被后人总结为"围魏救赵"。桂陵之败，魏惠王并不甘心，于公元前352年，联合韩国军队，一举打败了齐、宋、卫联军，迫齐向魏求和并放回庞涓。

田忌

田忌，名忌，字期，又曰期思，封于徐州（今山东滕县南），故又称徐州子期。战国初期齐国名将。他很赏识孙膑的军事韬略，向齐威王举荐孙膑，威王任孙膑为军师。田忌在孙膑的谋略和协助下指挥了"围魏救赵"的桂陵之战和大败魏军、擒魏太子申、迫庞涓自杀的马陵之战。田忌因与齐相邹忌不和，于马陵战后的第二年逃奔楚国，封于江南。齐宣王即位后，又受召回国复职。

齐、魏两国一胜一败，更加激起了两国争霸的强烈欲望，也都把对方确定为打击对象。魏先出兵攻赵，迫赵订盟，共同攻齐，又扬言攻秦，秦用商鞅之计，诱魏称王，长其骄气。果然公元前344年，魏召集宋、鲁、秦等国会盟逢泽，尊魏为王。齐威王则先在齐国南境泰沂山上修筑千里长城，以解后顾之忧。又亲自出访秦国，拉秦助齐。又派淳于髡出使楚国，结好楚国。两次出访，均获得了极好效果。齐王访秦，秦人惊喜之下，勒石铭记；淳于髡访楚，获得"齐有此忠信之臣"的美誉。

第四章 夺齐妫氏熊

淳于髡

战国时期齐国(今黄县)人。齐国赘婿,齐威王用为客卿。他学无所主,博闻强记,能言善辩。他多次用隐言微语的方式讽谏威王,居安思危,革新朝政。还多次以特使身份,周旋诸侯之间,不辱国格,不负君命。公元前349年,楚国侵齐,他奉命使赵,说服了赵王,得精兵十万,革车千乘,楚国闻风,不战而退。政治思想上,他主张益国益民的功利主义。在同孟轲就"礼"与"仁"的两次论战中,鲜明地表现了他这一立场。司马迁称赞他说:"其谏说慕晏婴之为人也。"所著《王度记》今已失传。司马迁《史记》说他"齐之赘婿也,长不满七尺,滑稽多辩,数使诸侯,未尝屈辱"。并将之列在《滑稽列传》之首。

两国各有准备,也都在寻找机会。威王十五年,魏伐韩,韩求救于齐。齐以田忌、田婴为将,孙膑为师,率兵直趋大梁,围魏救韩。次年在马陵大败魏军,庞涓自杀,魏王太子被俘,终结了魏国的百年霸权。齐威王打垮魏国后,又对其他侵齐者个个击破。如二十五年和三十年两次联魏伐赵,杀赵将韩举。二十五年,乘燕文公之丧,夺取燕国十城。其他国家如宋、鲁、卫等也都一战即溃。诸侯纷纷归还齐地,一时齐强于天下。

马陵战后,齐兵大获全胜,齐魏强弱已明。齐威王"徐州相王",齐国在徐州承认了魏惠王的王号,魏国也尊齐侯为王,这是魏惠王为了讨好齐国之举。此为齐国君主称王的开始。之后,秦、韩、赵、燕等才相继称王。

魏国屈服后,其他诸侯相继对齐敬畏顺从。史称:马陵战后,"韩破魏弱",两国的国君都"北面而朝田齐"。韩君称王的次年,又和魏惠王一起,会齐威王于平阿,求其认可。另外,赵君也到齐邑平陵朝会齐君。齐威王三十六年,约会燕、赵、楚的相国相会,各国也都前往。齐国代替了魏国的地位,称雄关东。

这时,经过商鞅变法后的秦国,日益强大,曾多次打败韩魏,势力伸向东方,成为齐国的强大敌手。一次,秦国借道韩魏,进攻齐国,齐军大败秦军，使秦王称臣谢罪。从而进一步提高了齐国雄霸的地位和声望。史称："齐威王始以齐强天下"。又称，齐威王时，"齐最强于诸侯，自称为王，以令天下"。

将相之争

徐州相王之后，齐威王不仅正式称王，也成了真正的霸主。魏惠王并不服气，伺机报复。在国内，原来贤明的邹忌产生了嫉妒心理，怕田忌夺走自己的相国大印，终使田忌有口难辩，被逼逃亡楚国。孙膑也因此隐居山林。原来，一班圣君贤相的齐国朝廷，便又被昏君邪相佞官所把持。当然，接下来的就是朝政日非，国势日下。齐国又呈现出混乱衰败迹象。

齐威王一称王，便引起了各诸侯国的不满与反对。首先是南方大国楚国跳出来反对，出兵伐齐。魏惠王表面上与齐结盟，声称共同抗楚，暗中却勾结楚国，共同攻齐。当齐楚两国开战之时，齐向魏求救，魏却隔岸观火，坐观虎斗。最终齐军大败，被楚军一直追到徐州。又在徐州被楚军打得一败涂地，不可收拾。

徐州失败，使齐威王突然猛醒。公元前326年，赵肃侯逝世，齐威王认为这是一个拉拢赵国的好机会，于是他派了一万人的军队参加赵肃侯的葬仪。此举甚见成效，前次攻赵之怨，顿时冰消，并且赵国一再表示一定与齐永结盟好，齐威王一举拉拢了赵国进入自己的势力范围，非常高兴。可是赵国口头上这样说，但并不坚决，到了第二年，公元前325年，魏惠王与韩成侯会盟，会上魏惠王尊韩成侯为韩惠宣王，并且随后一起去朝见赵武灵王。赵武灵王公然与两国结盟相交。齐威王对此事十分恼怒，他认为赵武灵王反复无常，言而无信。于是便派大将田盼率军伐赵，一举夺得赵国的平邑、新城，俘获了赵将韩举。吓得魏惠王、韩惠宣王赶快与齐威王相会于齐地平阿，并且魏惠王让太子鸣到齐国作人质。据说这一次，魏惠王会见齐威王时，穿着丧国服装，把自己拘禁在鄄，请求归服齐国。

公元前320年，齐威王与世长辞。其墓在今临淄区境东南隅齐陵街道办境内的牛山东麓，总的来说，齐威王是一个很聪明的人，他很喜欢说些隐语，来表现自己的智慧，虽然他不喜欢听别人的劝告，但如果劝告得法的话，他还是会接受的。

◎ 齐宣王：为国不惜娶丑女

稷下学宫

齐宣王，田辟疆，是齐威王的儿子，公元前320年继齐威王为田氏齐国第五代国君，在位19年。他继承了他父亲的传统，励精图治，图霸称王，保住了齐威王的余烈，使齐国始终处于与秦国分庭抗礼的地位。特别在尊重知识、招揽人才方面建树最大，使齐国的稷下学宫发展到了历史的最高峰。

当时，他见到西方秦国招揽贤士，得人而治，越来越强大，便也着意文化事业的发展。他说："寡人忧国忧民，因愿得士以治之。"（《战国策·齐策》），他不惜耗费巨资招揽天下各派文人学士来到齐国"稷下学宫"，使稷下学宫进入鼎盛时期。见于记载的著名人物，还有儿说、告子、驺奭、宋钘、尹文、彭蒙、季真等人；儒家大师孟轲长住稷下30多年；集百家大成的荀卿，15岁就来齐国，是稷下学宫中资格最老的一位导师，曾三为祭酒，充任学宫最高领导。稷下学宫，它集中了儒、墨、道、法、兵、刑、阴阳、农、杂各学派的学人，著书立说，开展学术研究，形成了前所未有的百家争鸣的局面。

稷下学宫

稷下学宫是古代齐国设立的一处专供各地学者著书论辩、传道授业的场所和机构，是我国最早的由政府创办的高等学府，同时，它还明显地具有政府的咨询参议机构的性质。稷下学宫位于齐国都今山东临淄西门外，大约创建于齐桓公田午时期，至齐王建时衰弱，历时一百四十余年，繁盛时达"数百千人"。当时各国著名的文学游说之士多曾先后或长期在此著书讲学，互相切磋驳难，掀起了当时思想界的一大波澜，形成了空前繁荣、百家争鸣的局面。其规模之大，人员之众，阵容之强，历史之久，史所罕见。

在列国中享有盛名的儒学大师孟轲，慕名来到齐国。齐宣王得到消息后非常高兴，亲自出城迎接。将孟子接入当时齐国最高级的国宾馆——雪宫，急不可耐地向孟子请教称霸诸侯的策略。孟子劝齐宣王与民同乐。齐宣王问孟子怎样识别平庸之辈，孟子告诫他选拔人才时要注意：左右亲近的人都说好的不可轻信；众大夫都说好也不可轻信；全国的人都说好就去了解他，若发现他确实有才干再任用。齐宣王在人才的使用与选拔上很赞同孟子的主张。但孟子的"仁政王道"学说不合时宜，与齐宣王"辟土地，朝秦、楚，莅中国而抚四夷"的基本路线相悖，不过齐宣王仍然收留了他，并给予了他上大夫的待遇。如此宽厚的政治经济待遇，使孟子产生了久住齐国的打算，回到老家直接把老母亲接到了齐国。齐宣王四年（前317年），孟子的母亲在齐国病故，在齐宣王资助下孟子送母亲的灵柩回老家邹地安葬。孟子直到61岁才离开齐国。

从善如流

齐宣王善于纳谏，秉性善良，这有很多例子。

齐国的祭俗中有一种祭祀仪式叫"祭钟"，定时要在祠庙里举行一种祭祀仪式，以表示对神灵的虔诚，求得神灵的庇佑。每逢祭钟时，要杀

第四章 夺齐妫氏熊

一头牛,将牛血涂在钟上,将牛的头用大木盘子盛放在祭神的供桌上,人们就在供桌前祈祷。有一天,齐国都城里来了一个人,牵着一头牛从皇宫大殿前走过。恰巧齐宣王在大殿门口看见了,命人叫住那牵牛的人问:"你打算把这头牛牵到那里去呢?"那人回答说:"回禀大王,我要牵这一头祭祀的牛去宰杀,然后将它的血涂在钟上。"齐宣王听了后,看了看那头牛,然后说:"这头牛本来没有罪过呀,却要白白地去死,将它放了吧!看它害怕得发抖成那个样子,我实在不忍心,就好像无辜的人要受刑似的!"牵牛人说:"大王您真慈悲,那就请您把祭钟这一仪式也废除了吧。""这怎么可以废除呢?"齐宣王严肃起来,接着说:"就用一只羊代替这头牛吧!"孟子听说了这件事,就跑来劝谏齐宣王说:"大王,您的这种恻隐之心,就是仁术啊!只是大王您只看到牛很可怜,而没看见羊也很可怜的。您要是能把这种爱护动物的心推广到爱护人民上,那么大王就可以成为天下的君王了!"

另外有一次,齐宣王召见名士颜斶,招呼颜斶:"颜斶你过来。"颜斶却抗礼不趋,大喊到:"大王您过来!"齐宣王听了满脸的不高兴。左右大臣都责备颜斶:"大王是一国之君,而你颜斶只是区区一介臣民,大王唤你上前,你也唤大王上前,这样做成何体统?"颜斶说:"如果我上前,那是贪慕权势,而大王过来则是谦恭待士。与其让我蒙受趋炎附势的恶名,倒不如让大王获取礼贤下士的美誉。"齐宣王听罢怒形于色,斥道:"究竟是君王尊贵,还是士人尊贵?!"颜斶不卑不亢地说:"自然是士人尊贵,为王的并不如士人尊贵。"齐王问:"这话怎么讲?"颜斶解释说:"以前秦国征伐齐国的时候,秦王曾下令'有敢在柳下惠坟墓周围50步内打柴的一概处死,决不宽赦'。又下令'能取得齐王首级的,封侯万户,赏以千金'。由此看来,活国君的头颅,比不上死贤士的坟墓。"宣王听罢虽然无言以对,内心里却极不高兴。左右侍臣都叫道:"颜斶!大王据千乘之国,重贤重士,四方仁义辩智之士,仰慕大王圣德,莫不争相投奔效劳。四海之内,没有不臣服的。物质丰富,百姓安居乐业,口服心服。然而即便是最清高的士人，其身份也不过是普通民众，徒步而行，耕作为生。至于一般士人，则居于鄙陋穷僻之处，以看守门户为生，不论从那一方面说，士的地位是十分低贱的。"颜斶驳道："这话不对，我听说上古大禹之时有上万个诸侯国。什么原因呢？就是因为他道德淳厚而得力于重用士人。只因为尊贤重才，像虞舜这样出身乡村鄙野的农夫，才能得以成为天子。到商汤时，尚存3000诸侯国，到今天，诸侯国只剩下24个了。从这一点上看，难道不是因为政策的得与失造成了天下大治或大乱吗？当诸侯面临亡国灭族的威胁时，即使想成为乡野穷巷的寻常百姓，又怎么能办到呢？所以《易传》中这样讲：身居高位而才德不济、只一味追求虚名的，必然骄奢傲慢，最终招致祸患。无才无德而沽名钓誉的终会被削弱，不行仁政却妄求福禄的要遭困厄，没有功劳却接受俸禄的会遭受侮辱，难免祸患深重。所以说'居功自傲不能成名，光说不做难以成事'。尧有9个佐官，舜有7位师友，禹有5位帮手，汤有3大辅臣，没有一个是凭空成名的。因此，君主不能以多次向别人请教为羞，不能以向地位低微的人学习为耻，相反必须以此成就道德，才能扬名后世。《老子》上说'无论多么尊贵，必须以卑贱为根本；无论多么高大，必须以低下为基础'。孤、寡指的是生活困窘、地位卑微的人，可是诸侯、君主却都自称为孤、寡或不谷，这难道不是屈己尚贤、尊贵贤士的行为吗？"

齐宣王听罢颜斶的一席话感叹道："咳！怎么能够侮慢君子呢？寡人这是自取其辱呀！今天听到君子高论，才明白轻贤慢士是小人行径。希望先生能收寡人为弟子。如果先生与寡人相从交游，食必美味，行必安车，先生的妻子儿女也必然锦衣玉食。"颜斶听到此话，对宣王说："美玉产于深山，一经琢磨则破坏天然本色，不是美玉不再宝贵，只是失去了它本真的完美。士大夫生于乡野，经过推荐选用就接受俸禄，这也并不是说不尊贵显达，而是说他们的形神从此难以完全属于自己。臣只希望回到乡下，晚一点进食，即使再差的饭菜也和吃肉一样津津有味；缓行慢步，完全可以当作坐车；无过无伐，足以自贵；清静无为，自得其

第四章 夺齐妫氏熊

乐。纳言决断的,是大王您;秉忠直谏的,则是颜斶。臣要说的主旨已十分明了,望大王予以赐归,让臣安步返回家乡。"于是,再拜而去。

还有一则著名的故事,钟离春是个长相丑陋不堪且年过40的孤女,生得头似杵臼,二目深陷,短脖子,稀头发,前凸胸后折腰,皮肤黝黑,令人望而却步。穷困到了流离失所、无容身之处的地步。因她生得太丑,又出生在无盐,大家就把她叫做无盐,反而忘记了她的本来姓名。有一天,钟离春也前往临淄求见齐宣王。见到齐宣王后,大言不惭地说:"倾慕大王的美德,情愿拿着簸箕笤帚,听从大王差遣!"齐宣王后宫国色天香的佳丽比比皆是,更不缺杂役人等,听了钟离春的话,看着眼前这个丑陋的女人竟然不自量力,异想天开,禁不住哈哈大笑。钟离春镇静自若,环顾宫殿后一本正经地连说:"危险啊!危险啊!"齐宣王半玩笑半认真地说:"你说危险,是什么危险哪?详细说说。"不料钟离春慢条斯理侃侃道来:"秦楚环伺齐国,虎视眈眈,而齐国内政不修,忠奸不辨,太子不立,众子不教,大王你专好声色犬马、嬉戏玩耍,这是第一件危险的事情。一心修筑高耸入云的渐台,并用彩缎丝绢装饰,用黄金珠王镶嵌,如此玩物丧志,利令智昏,这是第二件危险的事情。贤良志士都逃进山林藏起来了,环伺您左右的都是些谄媚小人,想进谏的人来不到您身边,您听不到治国安邦的高论,这是第三件危险的事情。宫廷内夜以继日地花天酒地,奏乐的乐女和装扮妖艳的舞女充斥宫廷,对外没与诸侯搞好关系,对内没有实施治国安邦的政策,这是第四件危险的事情。如此危机四伏,可谓危险之至呀!"齐宣王原先还是心不在焉的爱听不听,渐渐地听得如痴入迷,目瞪口呆。钟离春说完很长时间了齐宣王才虔敬地说:"得聆教言,犹如暮鼓晨钟,如果我今后还有一点点进步的话,都是你教给我的。"齐宣王一惊而悟,即刻下令拆除渐台,罢去女乐,斥退谄佞,摒弃浮华,然后励精图治。齐宣王不仅聘娶了丑女钟离春,而且将钟离春封为王后。

无盐女钟离春

春秋时期第一丑女。无盐女原名钟离春，因生于"无盐邑"，故被后人称为无盐女。《列女传》内记载她"臼头""肥项""少发""折腰""行年四十""皮肤若漆"，容貌奇丑无比。因"无盐"与"无艳"谐音，再加上"无艳"就是"没有艳色"之意，很符合她"极丑无双"的身份，故又称钟无艳。

齐宣王是相当有人情味的，其国内的百姓都不害怕他。有个刚满18岁的小伙子叫闾丘卬，大胆地站在大路当中，拦住了齐宣王的车驾，直言不讳地对齐宣王说："我家中贫穷，为了奉养老人，希望在您身边干个差使。"齐宣王说："你年龄太小了，给你个差使你也干不了。"闾丘卬说："不能这样说，古时候的颛顼12岁就治理天下，秦国的项橐7岁就成为圣人的老师。由此看来，我闾丘卬只是没有能耐，年龄是不小了。"齐宣王说："谁都知道千里马的能耐，但是谁也没有见过没长足身体的千里马能负重日行千里的。"闾丘卬说："也不能这样说，常言说尺有所短，寸有所长。千里马虽然是天下闻名的骏马，让它与野狸黄鼬在厨房锅灶旁边赛跑，未必能赛得过野狸黄鼬；黄鹄白鹤能高飞千里以外，若让它与燕子在屋檐下、房屋内比试飞翔起落，黄鹄白鹤未必能比得上燕子敏捷；辟闾和巨阙是闻名天下的锐利武器，用它击石，既不断缺，也不锉钝，若用它与细小干木比试清除眯了眼睛的沙砾，其方便肯定不如细小干木。由此看来，白发长者和我这未成年的闾丘卬，与上述各例一样，也是各有短处和各有可用的一技之长。"齐宣王听了闾丘卬的一番话，觉得他年纪虽轻见解颇深，十分高兴地说："好！你有这番好话，为何这么晚才来见我呢？"闾丘卬毫无顾忌地说："因为您身边谗谀小人太多，我不愿意与他们为伍，所以这么晚才来见您。"齐宣王当众承认了自己的过失，并决定起用闾丘卬。

吞并燕国

齐宣王这样致力于政事,是为了贯彻"辟土地,朝秦、楚,莅中国而抚四夷"的基本路线,他甚至让稷下先生预先筹划了一整套统一全国的典章制度。《王度记》就是齐宣王时期的稷下先生淳于髡等人的著作。"王度"就是指统一以后所要建立的新制度,是齐宣王的稷下先生所拟定的齐国统一天下后的具体措施,包括规定了天子、诸侯、大夫、士、庶人等各阶级的享用标准和婚娶、祭祀等制度,规定了诸侯里分别出公、侯、伯、子、男的五等爵制度,规定了大夫在致仕中和放逐中的待遇以及民间以百户为一里的组织形式等。另外,出自稷下先生之手的《周礼》,详细规定了齐国统一天下后的新政府组织的成套计划和366个官职的设官系统。可以说齐宣王为完成统一大业做好了充分准备。

齐宣王六年(前314年),燕王哙效仿远古圣王禅让之制,把王位让给其相子之。此举引起国内贵族的反对和齐的干涉。公元前314年,齐宣王以支持燕国太子平为名,大举进攻燕国,进攻燕国的同时,秦国联合魏国进攻韩国,韩国向齐国求救。齐宣王准备派兵去救援。齐国大臣田臣思却要齐宣王乘诸侯相互攻伐之机吞并燕国。齐宣王认为有道理,便打消了救韩的念头。于是假称救援韩国,打发走了韩国的使者。韩国以为有齐国救援,便与秦国打了起来。赵国、楚国果然像田臣思预料的那样去救助韩国。秦、韩、赵、楚、魏都搅到战争中去,给齐国伐燕造成了天赐良机。齐宣王命令匡章率领五都之兵,并依靠齐国北部的兵民大举讨伐燕国。燕国的士兵厌战不抵抗,也不关城门,齐军长驱直入,进入燕国的国都。子之失败,被齐军抓到后,剁成了肉酱。齐军又顺便杀死了燕王哙。齐军仅用五十天就攻下了燕都,破坏了各国间的均势,引起各国不安。而齐军在燕过于残暴,导致燕人反抗,齐军只好撤退。

燕王哙

燕王哙（？—前314年），燕易王之子。前319年，燕王哙支持公孙衍合纵的建议，与齐、楚、赵、韩支持魏国改用公孙衍为相，逐张仪至秦。次年，与魏、赵、韩、楚合纵攻秦。不久，他任用子之为相国。子之办事果断，善于监督考核臣属。时朝中大臣皆贵族，子之所擢用的则是些小吏。燕王哙为支持子之改革，将三百石俸禄以上大官的玺全部收回，另由子之擢贤任用。他自奉俭朴，勤政抚民。委政于子之，支持变法改革。前316年，他慕尧舜禅让故事，遂以君位让予子之。前314年，子之行新政三年，将军市被与太子平聚众作乱，围攻子之，数月，死者数万。不久，齐国派兵入燕干涉，齐宣王攻破燕国，燕王哙死于战乱，子之逃亡，被齐人抓住砍成肉酱（醢其身）。赵武灵王趁燕国内乱，将燕王哙的庶子姬职从韩国送回燕国，是为燕昭王。

秦国带头反对齐国吞并燕国，齐宣王大为恼怒，一心想打击秦国的气焰。早在齐宣王六年（公元前314年）秦国攻打韩国的时候，秦国就图谋攻伐楚国，楚怀王闻之大恐。楚怀王为了抗衡秦国，打算与齐国联合起来共同对付秦国。于是齐楚联盟应时产生。这样，就形成了秦、韩、魏三国联盟与齐、楚两国联盟两大集团的对立。齐楚联盟建立后，齐宣王为报濮水之仇，联合宋国军队进攻魏国的煮枣（今山东东明南），又帮助楚军进攻秦军，攻取曲沃。一时声威大震。

齐国吞并了燕国后，不仅秦国，其他各国诸侯也共同救援燕国。齐宣王感到形势不妙，向孟子请教办法。孟子劝告道："你赶快下命令放回老老小小的俘虏，停止搬回燕国的宝器，再和燕国的人士协商，择立一位燕王，然后自己从燕国撤退。这样做了，各国可能停止兴兵。"齐宣王仍然沉浸在攻占燕国的胜利中，竟拒绝了孟子的建议。结果，各国诸侯同燕人一道反对齐国。这时齐宣王懊悔了，说道："我实在是有愧于孟子呀。"这时陈贾乘机讨好齐宣王了，便"引经据典"地为齐宣王的过错辩护，说："大王呵，你千万不要难过，这没有什么，我讲个周公犯错误的故事给你听。周公派他的哥哥管叔到殷地去，管叔却领殷民来造反。这事如果周公早已预料到了，却仍然派管叔去，是他的不仁，如果周公未曾预见到，便是他的不智。周公是古代的圣人都犯了过错，你有这点过错算啥？我去看看孟子向他作个解释就行了。"听了这一席似是而非的谬论，齐宣王心安理得了。陈贾得意洋洋去见孟子，又搬出他那一套文过饰非的胡话，孟子听罢，狠狠地指责他一通，孟子说："周公是不了解管叔才造成的错误，他一发现错了立即改正。而齐宣王却无缘无故地去攻打燕国，犯了过错，不仅不改，竟将错就错。这种恶劣行为，居然还有谄佞小人，替他文过饰非来讨好卖乖，编造一些假道理来为他辩护，实在糟糕得很。"陈贾在孟子义正词严的批驳下，尴尬地溜走了。

齐宣王八年（前312年），秦国联合韩、魏进攻齐国，大破齐军于濮水之上，杀死齐将声子，打跑了匡章，齐宣王大为震惊。楚国也绝齐亲秦，面对这样的形势，齐宣王不得不下令从燕国撤军。结束了对燕国两年多的占领，但仇恨已经种在燕人的心里，注定以后要报应到齐国头上。

自绝盟友

齐宣王二年（前318年），公孙衍在齐宣王的支持下，为了反对张仪为秦国搞连横活动，联合发起齐、魏、赵、韩、燕、楚六国合纵攻秦，由于公孙衍等推楚怀王为合纵长，引起了齐宣王的强烈不满，齐宣王觉得齐国是东方大国，实力最强，这个合纵长应该由他来担任，没有推举他为合纵长，是对齐国有轻蔑，是对齐宣王的侮辱。于是，便退出了合纵联盟。少了齐国的五国联军遇到秦军不战而归。第二年，楚国和燕国也都不派兵参加。结果，樗里疾率领秦军在修鱼（今河南原阳西）把韩、赵、魏三国联军打得大败，斩杀士兵八万人，至此，公孙衍发起的这次合纵抗秦活动以失败而告终。

犀首

公孙衍，魏之阴晋人。曾仕魏，任犀首，人因以犀首称之，好像这就是他的本来姓名样。《史记集解》引司马彪曰："犀首，魏官名，今虎牙将军。"犀首当是武职。

苏秦、张仪是纵横家中的代表人物，公孙衍在纵横家中也享有盛誉。公孙衍主张合纵，张仪宣扬连横。他们在政治上和私人关系上都是对手。公元前322年（秦惠文王更元三年），张仪相魏。公孙衍设法取得韩国当权者的支持，破坏了张仪联合秦魏的政策。公元前319年，张仪被迫去魏，公孙衍代张仪为魏相。公元前318年，魏、赵、韩、燕、楚合纵攻秦。这次进攻，没有取胜，军至函谷关而还。但这次进攻，还是一次有名的对秦的进攻。

《史记》称公孙衍于张仪死后，"入相秦，尝佩五国相印，为约长"。公孙衍在当时一些人的心目中是与张仪齐名的，但传下来的事迹不多。《史记》有公孙衍传，系附于张仪传。《战国策》也只有几条零星的记载。

齐楚联盟形成后的形势对秦国不利。秦国便施展外交策略，以拆散齐楚联盟。秦国派张仪去楚国，张仪对楚怀王说："大王能够闭关绝齐，我请秦王献商于（今河南淅川带）之地600里。"楚怀王竟很高兴地答应了。楚怀王派人随张仪到秦国去受地，张仪佯装坠车受伤，3个月不上朝。楚怀王仍执迷不悟，认为自己没有表明与齐国绝交才使得秦国没有划地给楚国，于是派一勇士跑到齐国去，大骂齐宣王，齐宣王十分生气，一气之下便断绝了与楚国的外交关系。秦国又派使者出使齐国，齐宣王也意气用事，糊里糊涂地与秦和好，并与秦军联合，大败楚军于杜陵。

齐国胜楚后，却没有取得实际利益，徒然进一步破坏了两者的联盟关系。这次战争，沉重打击了楚国，使楚国不得不向齐国屈服，并派太子横为人质向齐国求和。秦国为了和齐国修好，也派泾阳君作为人质前往齐国。齐国表面上的霸主地位十分显赫，实际上却背离了自己既定的基本路线，以徒有虚名的齐秦联合取代了具有战略意义的齐楚联盟，在以后终于铸就大错。

第四章 夺齐妫氏熊

◎ 齐湣王：王霸之业转头空

东帝西帝

  齐湣王，本名田地，齐宣王之子，田齐政权第六任国君。公元前301年即位，在位十七年。执政前期屡建武功，破秦、燕诸国，控制楚国，灭掉宋国，晚年却不得善终。

  齐湣王即位时，稷下学宫威、宣时代的那种盛况并未减弱，各国名士云集稷下，一时学士达到千余人。可齐湣王好大喜功，自以为是，无纳谏用士的雅量。许多稷下先生对他极力进行劝谏，但固执的齐湣王却一再拒绝他们的良言善策。无奈之下，稷下先生们带着失望和愤懑，恋恋不舍地离开了令他们引以为豪的稷下学宫。稷下学宫也出现了自建立以来从未有过的冷清萧条。从齐湣王前期学宫的兴盛到后期的衰亡，便预示了他丧国亡命的历史悲剧。

  战国七雄争霸兼并的战争已日趋白热化、明朗化。初出茅庐的齐湣王，雄心勃勃，急于成就功名。他希望凭借着威、宣两代赫赫霸业的余威，继续保持着东方强国的地位。其终极目的，是统一天下，自立为天子。

  齐湣王继位之初，便倚仗齐国的强大实力，插手他国内政。韩国内乱，齐湣王乘机出兵韩国。齐湣王二年（公元前299年），齐国邀请魏襄王一块儿到了韩国，胁迫韩襄王立亲齐的公子咎为太子。

  齐湣王继位之初，楚国由于内忧外患，使得楚怀王不得不向齐湣王求和，并派太子横到齐国作人质，以加强齐、楚联合。秦国为拆散齐、楚联盟，对楚国施了离间之计。楚怀王听信谗言，决定与秦国结盟。当他到达秦国时，被秦昭王扣留，后忧愤成疾，死于秦国。齐湣王三年（公元前298年），楚怀王被秦扣留后，一直在齐国作人质的楚太子横向齐湣王请求回国。齐湣王没有答应，并要挟说："如果把楚国东边的五百里土地割让给我，就可以让你回去；否则，是不会让你走的。"无计可施的太子横，万般无奈之下去问他的老师慎子该怎么办，慎子告诉他说："土地是用来为自己服务的，如果因为爱土地而不去为死去的父亲送葬，那是不孝不义的行为，所以我赞成答应给齐国土地。"齐湣王在得到允诺后，便放走了楚国的太子横。后来由于秦国出兵干预，齐湣王欲得到楚国东边五百里土地的愿望也没有实现。

慎子

慎子是战国时赵国人，即慎到。学黄老道德之术，与田骈齐名，曾在齐稷下学宫讲学，受上大夫之禄。主张法治，提出尚法必重势，立法虽可因循自然，而行法必赖于威势，其"任势"学说，被韩非所吸收继承。因而后世将其归于法家。《史记·孟子荀卿列传》载其"著十二论"，《汉书·艺文志》法家类著录《慎子》四十二篇，现仅存七篇，收入《守山阁丛书》《诸子集成》。

由于秦国的干预，齐湣王的打算落了空，他大为恼怒，非常怨恨秦国。于是，齐湣王与三晋联合抗击秦国，派孟尝君田文率领齐军，联合韩、魂攻打秦国。齐湣王三年，孟尝君统帅齐、韩、魏三国联军，势如破竹，很快就攻到了秦国的边防要隘——函谷关。然而，由于孟尝君中了韩庆的计谋，使"三国无攻秦"。直到齐湣王五年（公元前296年），三国联军才又对秦国发起进攻，攻破函谷关。为了缓解局势，秦昭王被迫"割河东而讲和"。齐国联合韩、魏兵临函谷关三年，对阻止秦的东向兼并势头、提高齐国的地位具有一定的意义，但由于齐湣王只顾眼前利益，接受了秦国的讲和要求，丧失了彻底打击秦国的良机。

三国联军攻破函谷关后，齐湣王被胜利冲昏了头脑。不久，便高举对外扩张的大旗，把战火点燃到了燕国。当时燕国是秦国的同盟并与秦

第四章 夺齐妫氏熊

国缔结婚姻。由于秦、燕两国相距甚远，秦国不便出兵救燕，秦昭王便派魏冉到秦的盟国赵国，让赵国出兵帮助燕国抗击齐军。当秦昭王派魏冉去赵国时，齐湣王也让大臣魏处来到赵国，游说赵王，意在让赵国保持中立，不出兵干预此事。

齐湣王五年（公元前296年），因赵国保持中立，不派兵干预齐国攻燕之事，距燕遥远的秦国爱莫能助，只好眼睁睁地看着齐军向燕国展开了猛烈的进攻。燕军在权地被齐军强大的攻势击败，齐军杀燕军十万，两员大将被俘，几乎全军覆没。不久，有恩于齐国的赵国，在齐国不加干预甚至相助下，一举灭掉了中山国。齐军权地败燕，是齐湣王继破秦函谷关之后，取得的又一场胜利，更使齐湣王称霸天下的野心进一步膨胀。

燕昭王为了向齐国报仇，让苏秦到齐国搞反间活动，以折断齐国的羽翼，拆散齐国的联盟。他指使苏秦一方面破坏齐国和赵国的关系，削弱齐国的力量；另一方面，劝谏齐湣王进攻宋国，以转移齐国对燕国的威胁。因此，苏秦极力怂恿、引诱齐国攻打宋国。齐湣王不但没有识破苏秦的计谋，反而还重用他，并于齐湣王十二年（公元前289年）任命苏秦为齐相。从此，苏秦这颗定时炸弹便埋在了齐国的心脏，成为齐湣王国破身亡的一个重要原因。

齐湣王七年（公元前294年），秦国发兵进攻韩国，韩国因失去齐国的支持而连吃败仗，最终被秦军攻占了韩国的武始（今河北武安县南）和新城（今河南伊川县西南）。次年，秦将白起率领大军以不可阻挡之势大败韩、魏联军于伊阙（今河南洛阳南），斩兵士二十四万，俘虏魏国将领公孙喜，韩魏联军损失惨重。齐湣王九年（公元前292年），攻势愈猛的秦军又乘胜夺取了魏国的垣（今山西垣曲东南）和韩国的宛（今河南南阳）两个地方。次年，秦国攻取了魏国的轵（今河南济源东南）和韩国的邓（今孟县西）。几年的扩张掠夺，使得秦国的势力不断增强，三晋的大片土地尽为秦军攻取。

狂妄的秦昭王已不再满足于和其他国家共同称王，于是决定称帝。

但鉴于齐国力量也很强大，足以与秦国抗衡，秦昭王决定委派魏冉出使齐国，与齐湣王一块称帝。齐湣王早就有称帝的政治野心，秦使一说，便爽然答应下此事，同意与秦昭王一块称帝。齐湣王十三年（公元前288年），秦昭王和齐湣王相约共同称帝，秦昭王为西帝，齐湣王为东帝。秦、齐称帝，意在兼并其他诸侯国，这对韩、赵、魏、燕等国威胁很大，为破坏齐、秦联盟，各国都在加紧活动。由于齐国称帝是被动的，所以齐湣王在苏秦来齐国搞合纵的时候，便急切地征询齐国称帝的利弊。苏秦竭力反对齐、秦联合。他劝说齐湣王放弃帝号，集中精力攻宋伐秦。齐湣王接受了苏秦的建议，同意放弃帝号，外交上由联秦改为联赵。齐相韩珉由于继续坚持联秦之策，遂被罢免相职。齐湣王放弃帝号后，一面积极准备伐宋，一面组织合纵攻秦。苏秦受齐国之托到各国游说，使齐、赵、燕、韩、魏五国合纵的局面得以形成。齐湣王称帝虽然只是昙花一现，但却反映出他欲称霸天下的野心。

桀宋

苏秦为报答燕王的知遇之恩，极力劝说齐湣王采纳自己的主张，合纵攻秦。但这次合纵攻秦，五国貌合神离，各有打算，并无实心。齐国作为领军大国，心思不在攻秦，而是希望通过与其他四国合纵来削弱秦国，以便于自己灭亡宋国。齐湣王十四年（公元前287年），齐、赵、燕、韩、魏五国联合发起对秦国的进攻。但五国联军驻扎在韩的荥阳（今河南荥阳东北）、成皋（今成皋西北）之间，由于五国各有所图，并没有向秦国发动强大的攻势。尽管如此，迫于来自五国的压力，秦昭王不得不废除了帝号，并且割地求和。不久，流于形式的五国合纵攻秦行动就草草收兵了。

这次合纵攻秦，齐湣王目光短浅，只想吞并宋国，而不攻打、削弱以致消灭秦国，从而坐失良机，是战略性的失误。齐湣王不但给了秦国喘息、扩张、壮大的机会，也给自己留下了亡国的隐患。此后秦国开始

第四章　夺齐妫氏熊

战略反击，逐步削弱齐国的羽翼，并不失时机地打击齐国。齐国不断受到来自秦国的威胁。膏腴之地宋国是齐湣王垂涎已久的。孟尝君相齐时，即想进攻宋国，夺取淮北之地。苏秦游说齐湣王伐宋，以削弱齐国势力。他说："齐国的军队南破楚国，西伐秦国，赵、燕、韩、魏四国的民众尽为您驾驭，可谓威风至极。如今暴虐无道的宋王射天神答地祇，把各诸侯的肖像竖立在路边的厕所里，用石头敲击他们的鼻子。您作为名君，若不去讨伐这种不讲道义的人，就有损您的美名声誉了。况且宋国土地肥沃，与其攻取燕国的百里土地，不如得到宋国的十里土地，这样既能赚取好名声，又能捞得实惠。大王何乐而不为呢？"经过苏秦的怂恿、煽动，齐湣王很愉快地接受了攻打宋国的建议。

齐湣王十三年（公元前288年），齐国军队开始攻打宋国。当时燕昭王派张魁率领燕军去帮助齐国伐宋，可齐湣王不把燕国放在眼里，竟然杀死了燕将张魁。燕昭王只好忍气吞声，委曲求全。齐湣王十四年（公元前287年），发动了第二次攻宋。燕昭王又派二万士兵，自备粮食协助齐国攻宋，结果迫使宋国割淮北地与齐国讲和。实际上，燕昭王并不愿意帮助齐国，为了雪耻，只好佯装侍奉齐国，以等待机会。这次攻宋，楚、魏都来争夺宋地。齐湣王十五年（公元前286年），任用韩珉为相，齐国趁宋国发生内乱之机发动了第三次大规模攻宋。齐国攻宋，遭到了秦国和楚国的反对。秦昭王十分恼怒，准备派兵阻止齐国进攻宋国。后经苏秦从中斡旋才作罢。

当齐军与宋军即将决战时，秦国却又违背诺言，暗地里阻止齐军的军事行动。为争取赵国的支持，齐湣王派公孙衍到赵国去见专权的赵相李兑，以齐军灭宋后给李兑早就垂涎的宋国的陶邑为条件，劝李兑支持齐国，李兑答应了齐国的请求。在赵国的支持下，齐湣王举兵伐宋。大军浩浩荡荡，长驱直入，以不可阻挡之势吞并了宋国。宋王偃仓皇逃亡到了魏国，最后死于温地。齐湣王一举消灭了宋国，使齐国的政治、军事实力达到了顶峰。但此次消灭宋国给诸侯带来巨大恐惧，从而内外树敌，不久就发生了五国联合攻齐的军事行动。

楚将淖齿

齐国灭掉宋国以后,秦昭王感到齐国对自己构成严重威胁,便试图扼其势头。齐湣王十六年(公元前285年),秦昭王派蒙骜率领秦军向齐国的河东发起猛烈的攻势,占领了九个城邑,齐军败退。与此同时,秦国还积极联合各诸侯国合纵攻齐。

燕昭王为报齐国攻燕国的深仇大恨,不惜重金广招人才,不少贤能之士如齐国的邹衍、赵国的剧辛、卫国的屈庸、魏国的乐毅等纷至沓来。特别是乐毅,他作为一个有才干的军事家,受到燕昭王的重用,被认命为亚卿,改革内政,训练军队,军事力量日益强大。

燕昭王还派苏秦到齐国反间,苏秦极尽权谋蛊惑齐湣王。当苏秦取得齐湣王的信任,又离间了齐国和赵国的关系,反间成功后,苏秦认为伐齐的机会已经到来,便派人请求燕昭王出兵攻齐,自己从中响应。齐湣王不明苏秦的险恶用心,还任命他为将军,领兵迎击燕军。苏秦便率领齐军与燕军战于晋,两军交战没几个回合,齐军就败下阵来,燕军轻而易举地砍下二万个齐兵的头颅。战败的苏秦假惺惺地派人向齐湣王"请罪",而喝了迷魂汤的齐湣王此时仍未幡然醒悟,竟替苏秦解脱说:"齐军吃败仗是我的过失,你不要太自责。"刚愎自用的齐湣王事后又让苏秦挂上帅印,率领齐军与燕军战于阳城门外。此次战斗,三万齐军又成了苏秦的牺牲品,不明不白地当了燕军的刀下鬼。苏秦的两次"失误",大大削弱了齐国的士气和威风,这颗埋在齐国的定时炸弹开始引爆。

齐湣王十七年(公元前284年),燕昭王任命乐毅为上将军,率领燕、赵、韩、魏、秦五国合纵攻齐。齐将触子率齐军与五国联军对峙于济水旁边。齐湣王敦促决战,派人面见触子,辱而呵斥道:"你如果不尽力作战,我就灭绝你的族类,掘平你的祖基!"触子为此十分伤心,准备让齐军战败。两军刚一交战,触子就鸣锣收兵,齐军败退,联军乘胜追击。触子驾一辆车而去，不知去向。接着，齐湣王又派另一位将领达子统帅残兵在齐城门秦周之地迎战五国联军。情势危急但无物犒赏战士，为了激励战士，达子派人向齐湣王请求赏金。齐湣王大发其怒说："你们这些无用的东西，怎能给你们金钱！"结果齐军与燕军一交战就败下阵来，达子战死沙场。乐毅抓住时机，乘胜进军，一举攻下七十余城，齐湣王仓皇逃奔卫国。

卫君避舍称臣，但齐湣王仍以大国之君自居，傲慢无理，结果遭到卫国人的驱逐。后又前往邹、鲁等地，邹人和鲁人也拒绝接纳。最后只好奔莒。

楚顷襄王派淖齿救齐，淖齿被齐湣王任命为相。可淖齿无心救齐，却有心与燕国瓜分齐国。最终齐湣王被淖齿抽筋悬梁，忍辱负痛整整三日方才气绝身亡，这是战国时代君王命运最为惨痛的悲剧。

淖齿

淖齿（？－前283），也作"卓齿""踔齿""悼齿"，战国时楚将。楚顷襄王十五年（公元前284年）燕将乐毅破齐都临淄（今山东淄博东北），齐湣王逃亡。他受楚顷襄王命率军救齐，被齐湣王任为齐相。后杀齐湣王，欲与燕分齐地，旋为齐人王孙贾所杀。

后世遗踪

田氏郡望为北平、雁门。据说，田氏亡国后，汉惠帝令齐王田广的子孙西迁关中为古天子守陵，田氏依次序分守帝陵各门，其后则改姓为第一、第二、第三、第四、第五、第六、第七、第八等复姓。济北王田安的子孙则以王为氏，西汉时王氏世为公卿，田安六世孙女王政君则为汉元帝皇后，其家九侯、五大司马。公元9年王政君侄王莽篡夺汉祚，自称"新皇帝",建立新朝,历时14年,被刘玄所灭。西汉时,田千秋位至丞相,因其年迈,汉昭帝允其乘车上朝,因而世称其为"车丞相",其子孙以此为荣,则改为车氏。

还有其他族类因种种原因变迁更改为田氏。武溪蛮族田氏,自汉以来世为剌史、郡守,南朝时更是衣领相继簪笏满朝,随着历史的发展渐渐融于田氏大家族之中;而田倈氏、田章氏亦简化为田氏;明朝初年有辅佐惠帝的黄子澄,因废削诸藩之权,而引起了靖难之祸,京师不久便被各诸侯攻破,黄子澄被俘获,不屈而死,他的儿子为避祸而改名换姓为田终。后子孙也以田为姓,称田氏。

田氏今已为全国姓氏人口第57位大姓。田氏在历史上名人辈出,战国时有位列四公子之首的孟尝君田文,燕国著名的侠士田光,秦末有齐国贵族田横,西汉有大鸿胪田广明,唐有太尉田承嗣、宰相田兴,清有河南巡抚田文镜,今有前全国人大常委会副委员长田纪云。

第五章　魏氏：最后的姬姓强宗

　　魏国姬氏与周天子同宗，始祖毕公姬高于周武王伐纣之后被封在毕，后代于是就以毕为姓。他的后代子孙有个叫毕万的，侍奉晋献公，被封于魏。毕万子魏武子因跟随晋公子重耳流亡有功而承袭了魏氏后代的封爵，升到了大夫的地位，他的官府设在魏邑，大概就在现在的山西省西南部的芮城市。后来，随着晋国王室的败落，魏氏、赵氏、韩氏的势力逐步发展起来，到公元前403年，魏氏与赵氏、韩氏一起，正式被周天子承认为诸侯，至公元前225年为秦国所灭，一共绵延了一百七十九年。

代表人物：魏文侯（魏斯）　魏惠王（魏氏䓨）　魏无忌
对政局影响：魏国成为战国七雄之一，是战国初期最强大的国家，相继打败四周的敌人。
溯本追源：周朝宗室
后世遗踪：魏惠王时期的魏国不断东侵，其在东方的优势在一系列战争中多次受挫，此后更是不断受到秦国的侵扰。最后于公元前225年被秦国将军王贲攻破灭亡。

第五章 魏氏：最后的姬姓强宗

◎ 魏文侯：开国之君，守信之侯

团结三晋

魏文侯，姬姓，魏氏，名斯，魏国百年霸业的开创者。公元前445年，继魏桓子位，前403年与韩、赵两家一起被周威烈王册封为诸侯，前396年卒。在位时礼贤下士，使出身于小贵族或平民的士开始在政治、军事方面发挥其作用，标志着世族政治开始为官僚政治所代替。魏国的国力在魏文侯及其子魏武侯之时达至顶峰。

在三家分晋时，赵氏获利最多，魏、韩得到的要少一些。赵氏得到了晋国北部的大片土地，并向东越过太行山，占有邯郸、中牟。魏氏与韩氏笼罩在赵氏的南边，魏氏偏西，韩氏偏东。赵氏占有的智地正压在魏氏的脑门上，魏氏很压抑。魏国西边是一河之隔的秦国，北边是强大的赵国，东边是新兴的韩国，南边越过中条山和黄河是秦、楚、郑拉锯争夺的陕地（今河南三门峡渑池、陕县和灵宝地区）。魏国被紧紧地裹在晋东南一隅。魏氏集中在晋东南，虽然在东面还有几块肥地，但都很不巩固，难以建成战略基地。魏国的核心地区是运城谷地，北部是吕梁山，南部是中条山，东部是王屋山，黄河的大拐角包住了魏国的西部和南部。这样的地势，易守难攻，魏国所处的周边环境很复杂，魏文侯稍有不慎就有可能遭到围攻，面临亡国的危险。

三家分晋

中国春秋末年韩、赵、魏三家瓜分晋国。晋国从献公时起，不许立公子、公孙为贵族，公子、公孙只好离晋而仕他国，这就是所谓晋无公族。由于排斥公族，导致异姓或国姓中疏远的卿大夫得势，政权也逐渐为他们所操纵。春秋中期以后，10余个卿大夫家族控制了晋国的政局。经过不断吞并，到了春秋晚期只剩下韩、魏、赵、范、智、中行6家最大的宗族，称为六卿。代表新兴势力的六卿同晋国旧贵族进行了激烈斗争，旧贵族日趋没落。六卿各自采取革新措施，以期发展实力。韩、赵、魏的改革尤为彻底。后来赵又灭范氏、中行氏，迫使他们逃出晋国。春秋末年，智氏最强，赵联合韩、魏消灭智氏。晋长期的卿大夫兼并战争告一段落，三家被周威烈王册封为诸侯。公元前376年，韩、赵、魏废除晋国的最后国君——晋静公，最终完成三家分晋的历程。三家分晋是以新旧势力斗争为表现形式的晋国社会变革的结果，是中国古代历史从春秋时代进入战国时代的重要标志之一。

赵献侯想联合魏文侯消灭韩氏，赵、魏平分韩氏。韩武子想联合魏文侯消灭赵氏，韩、魏平分赵氏。对于赵、韩的提议，魏文侯均给予了明确的拒绝。魏文侯劝赵献侯打消分化韩、魏，从而各个击破的念头。他说，魏和韩比较弱，必然会联合起来对抗赵国，以免被赵消灭。韩、魏都清楚联合赵国攻击对方是自取灭亡，与赵国平分对方的想法更是与虎谋皮。形势迫使韩、魏必须联合。魏文侯劝韩武子也不必因为赵氏的威胁而联合魏氏进攻赵氏，以图能一劳永逸地解决赵氏的威胁。韩、魏联合攻赵的想法是不现实的，赵国的实力太强了，韩、魏联合也只不过与赵国能打个平手。双方硬拼的话，必然是两败俱伤。而且即便赵氏被击败了，韩、魏也必然会继续内斗。

魏文侯向赵、韩说明了自己对三家发展的想法。晋地披山戴河，比较封闭，身处其中的赵、魏、韩只有赵国向外伸出了代和邯郸两个触角，但由于身后韩、魏的威胁，赵国也无力通过这两个触角继续向外扩张。赵、魏、韩三国紧邻，必须要和平相处；如果内斗，就会困在晋这个封闭的环境里，谁都无法发展。赵、魏、韩只有联合起来向外扩张才有出路。

对于魏文侯的联合发展策略，赵献侯与韩武子都表示同意，但如何联合，向哪一个方向发展，如何分利，三家没有达成共识。但是通过这次会谈，三家出现了难得的和平局面。赵、魏、韩暂时放弃了内斗，走上了各自发展的道路。

第五章　魏氏：最后的姬姓强宗

李悝变法

魏文侯为人言必信，行必果，无论当官的还是普通百姓，都敬重他。有一次，他和管理山林的人约定，次日下午到郊外去打猎练兵。到了次日，下朝后举行宴会，魏文侯准备在宴会一结束，就去打猎练兵。可是，宴会快结束的时候，天上忽然下起了瓢泼大雨，看看快到中午了，雨还是不停，而且越下越大，魏文侯起身对席间的众臣说："对不起，我要告辞了。赶快准备车马，我要到郊外去打猎练兵，那里已有人在等我了。"众臣一见国君要冒雨出门，都走上来劝阻。这个说："下这么大的雨，怎么能出门呢？"那个说："去了也无法打猎练兵！"魏文侯看看天色说："打猎练兵是不成了，可是得告诉一下那位管理山林的人哪！"众臣中有一位自告奋勇的人说："那好，我马上去告诉他。"魏文侯把手一摆说："慢，要告诉得我自己去。"那个自告奋勇的人眨着眼睛仿佛没听懂。魏文侯接着说："昨天是我亲自跟人家约定的，如今失约，我要亲自跟人家道歉才行。"说完大步跨出门外，顶着大雨到管理山林的人的住处去。战国初期魏国强大的重要原因就是魏文侯的人品让人敬重，众望所归，人心所向。魏文候认为，一个人的品格不应由他的特殊行动来衡量，而应由他的日常行为来衡量。这样的国君必然是有作为的。

于是，魏文侯在战国七雄中第一个实行变法，他任用法家的李悝为相，以"食有劳而禄有功，使有能而赏必行，罚必当"为原则实行变法。首先从经济上下手，李悝推行尽地利之教的精耕细作原则，推广农副业成功经验，综合利用魏国的田地和山川，提高魏国耕地的单位产量和土地的使用效率。为了平衡粮价，李悝还实行了平籴法。在丰年的时候，国家根据市场情况，采用高于市场的价格收购农民的粮食，使农民的利益不受损失。在灾年的时候，政府把国家粮仓储存的粮食以适当的价格卖给市民，使市民不致买不起粮食而流离失所。这样，魏国很好地平衡了农民与市民的利益，国家储备的粮食也越来越多，国家抵抗灾年的能力大大提高，社会稳定，国民安居乐业。

随后，李悝制定了一整套的法律，来规范魏人的行为。晋国是一个有着法治传统的国家,国民对依法办事都很拥护。李悝主持制定的这套成文法在魏国的政治生活中发挥了巨大的作用,国君、贵族和官员在实行政事时首先要考虑的就是国家的法律。由于魏文侯的带头遵守,李悝主持制定的这套法律得到了很好地实施。

李悝

李悝,也作李克。有的古书中还将李克写成"里克",或讹作"李兑""季充",魏文侯到武侯时人。周定五十四年(前455年)生,周安王七年(前395年)卒,战国时魏国(今山西南部运城一带)人,战国时期著名的政治家,法家代表人物。曾受业于子夏弟子曾申门下,作过中山相和上地守。上地在河西,故李悝经常和秦人交锋作战。桓谭以为李悝为文侯师,班固、高诱以为是文侯之相。由于先秦文献缺乏记载,故此说尚难证实。但可以肯定的是李悝能参与机密,为文侯心腹之臣。司马迁说:"魏用李克尽地力,为强君。"班固称李悝"富国强兵"。这些记载都表明,文侯时魏能走上富强之路,李悝曾作出很大贡献。

李悝主持魏国的变法工作和法制建设,影响了中国政治两千年。后来的秦国献公、孝公和商鞅变法都是以魏国为蓝本的。

魏国的周边国家中,各有各的特产。秦国的家畜、皮革、玉石,赵国的布帛、枣栗、家畜、皮革,楚国的鸟兽、橘柚、茅竹、丝绸在当时都很有名,魏文侯鼓励魏国百姓从商,参与各国土特产贸易,魏国获得了大量的商业税,国库充实了。另外,魏国山多地少,人口密集,粮食生产勉强维持国内的需求。但是,魏国境内有当时著名的盐产地盐池(今山西运城解池)。盐池产的盐销往周边的国家,获利颇丰,是魏国的重要收入。魏文侯决心用这些收入建立一支精锐的常备军。这支军队就是著名的武卒。

魏文侯在武卒建设中采取精兵原则,考取武卒的条件很苛刻。魏文侯要求武卒能穿着三重甲胄,使用十二石的弩,带着50支箭,背着长戈,冠胄带剑,连同三天的干粮,这样全副武装,从早晨到中午必须能行进百里。到达战场后,武卒能立即投入战斗。武卒还要具备高超的格斗技能。国家对入选的武卒给予很高的物质待遇,免除武卒全户的徭役

第五章 魏氏：最后的姬姓强宗

和田宅税。武卒凭军功获取更高的爵位，享受更好的待遇。魏国的武卒建设非常成功，逐渐地演变成为魏国的建军制度和军功贵族制度，对后来吴起在楚国变法和秦献公、秦孝公和商鞅在秦国的变法都产生过很大的影响。

由此，三家分晋后的相当长的一段时间里，魏国把主要的精力都用在了修炼内力上。赵国和韩国在向外扩张了一段时间后，由于内政不稳，也回到了内修这条路上。而此时，魏国已基本完成了内部调整，国势强盛，开始寻找外向的出口，先后以乐羊为将攻灭中山国，以吴起为将攻取秦国西河（今黄河与洛水间）五城。以西门豹为邺令，以北门可为酸枣令，以翟璜为上卿，改革政治，奖励耕战，兴修水利，发展封建经济，抑制赵国，北灭中山国（今河北西部平山、灵寿一带），西取秦西河（今黄河与洛水间）之地，连败秦齐、楚诸国，开拓大片疆土，遂成为战国初期最强大的国家。

控扼赵国

随着魏国的不断强大，赵国的逐渐下滑，赵、魏两国的力量对比发生了变化，魏国的实力超过了赵国，也超过了韩国。赵国在赵献侯后期，国力开始衰败，中山对赵国的威胁越来越大。赵献侯死后，赵烈侯即位，中山对赵国的攻势更猛了。赵国向魏国求救，魏文侯同意帮助赵国消灭中山，但是要赵国以智地作为魏国攻打中山的回报，赵烈侯同意了。智地位于魏国本土的北部，是赵襄子当年压在魏国头顶上的一块大石头。魏文侯终于解决了这块多年的心病。

中山国

中山国又称鲜虞，春秋时代白狄别族所建，位于今河北正定东北。战国初期建都于顾（今河北正定县）。公元前406年为魏国所灭，不久复国，迁都于灵寿（今河北平山东北）。中山国是处于赵国、燕国之间的一个小国，其疆土仅有灵寿、临城、唐县、新乐等地。战国时期对中山国最大的威胁是赵国。赵国一直视中山国为心腹之患,必欲灭其国而后快,故屡次对其用兵。为了防御赵国的进攻,中山国于赵成侯元年(前374年)开始修筑长城。这条长城的起讫地点,史无记载。但据中山国所处位置推断,当在河北与山西的交界处。中山国虽筑长城,但因国力实在太弱,终于在公元前296年为赵所灭。

韩国向南发展攻击郑国的进程并不顺利,郑国在楚国和宋国的帮助下,屡次击败韩国,韩景侯也开始寻求魏国的帮助。

魏文侯三十八年(公元前408年),魏国在解决西河战事后,便开始进攻中山国。应韩景侯的请求,魏国帮助韩国打击宋国,以便于韩国向郑国发展。魏国的势力延伸到了黄河以南。

中山国与魏国并不搭界,中间隔着赵国。在名将乐羊的率领下,魏军越过赵国攻击中山国。中山国是白狄族后裔建立的国家,此前由于赵襄子夺取了代郡,代郡与邯郸对中山国形成了南北夹击之势,中山国很紧张。赵襄子死后,赵献侯没有保持住对中山国的压力,被中山国反击得手。赵烈侯接手赵国时,正是中山国在对赵战争中节节胜利之际。

在乐羊的出色指挥下,训练有素的魏军苦战三年,在魏文侯四十年(公元前406年),终于攻破了中山国,解除了中山国对赵国的威胁。中山是一个古老的国家,魏军虽然占领了中山国,但中山人不服,叛乱时有发生,中山的局势仍然很动荡。魏文侯让能力超群的太子击来治理中山。魏文侯把中山国的灵寿(今河北平山)封给了攻破中山国的功臣乐羊,派乐羊率部驻守中山。魏文侯任命李悝为中山相,辅佐太子击治理中山。在太子击、李悝、乐羊的努力下,中山的局势逐渐稳定了。

乐羊

乐羊,中山国人,战国时魏国的大将,是乐毅先祖。乐羊初为魏相国翟璜门客,中山国君姬窟发兵犯魏,翟璜举荐了乐羊。可是乐羊之子乐舒是中山王的将领,而且曾杀死了翟璜之子翟靖,但是翟璜深知乐羊为人,不计恩怨,力保乐羊为帅。

乐羊出兵后,由于敌强我弱,施了缓兵之计。消息传来,朝中大哗,群臣诬告乐羊通敌。中山国君又杀了他的儿子,煮成肉羹送给他,乐羊

第五章 魏氏：最后的姬姓强宗

为表忠心，就吃下了肉羹。随后大败中山国，魏王重赏他，封在灵寿，但是认为他心地残忍，没有父子骨肉之情。

乐羊死后，葬于灵寿。

魏国在占领中山国后，比中山国对赵国的威胁还要大。魏文侯在出兵帮助赵国攻击中山国的时候，命令魏军在沿途占领了不少属于赵国的地方。魏文侯在帮助韩国攻击宋国的时候，命令魏军占领了魏军进军路过的河内地。

魏文侯四十一年（公元前405年），齐相田悼子去世，执掌齐国政权的田氏家族发生内乱。田会占据廪丘（今山东鄄城东北），请求赵国收留，赵烈侯同意了。廪丘与赵国并不相连，中间隔着卫国。在田会投赵前，齐国的势力已经渗透到了卫国，以廪丘为据点，已经控制了卫国在赵国与齐国廪丘间的这一大片土地。田会投赵，并不是以廪丘这一个城池，还包括廪丘附近为齐国控制的这一大片卫国的土地。这一片土地与濮阳和陶都很靠近，商业价值极大。结果，赵国收留田会、占据廪丘的行为引起了田悼子的接班人田和的强烈不满，田和命田布率军进攻赵国，赵军不利。赵烈侯请魏文侯和韩景侯出兵相助。赵、魏、韩联军与齐军大战一场，杀死齐军三万人，获取了大量的战略物资。魏文侯四十二年，赵、魏、韩联军大举进攻齐国，一直攻到了齐国的长城，田和被迫割地求和。赵、魏、韩在与齐国的战争中获得了大片的土地。魏文侯为了使新得到的齐国土地与此前占领的河内地区相连，攻占了卫国朝歌附近的几座城市。

魏文侯四十三年（公元前403年），周威烈王承认赵、魏、韩三国为诸侯，补办了三晋立国的法律程序。周威烈王承认三国为诸侯，无异于是对赵、魏、韩三家分晋这一严重叛乱的支持，严重地损害了周王室的声威。晋国长期以来是匡扶周王室的重要国家，赵、魏、韩对晋公室的叛乱本来应该受到周天子的严厉谴责，而周威烈王却承认了赵、魏、韩三国叛乱的合法性，这让周系统的国家很寒心，周王室的支持者更少了，号召力也因此而大减。

由于赵、魏、韩向黄河南岸发展，进攻郑国和宋国，与一直想要控制郑国和宋国的楚国发生利益冲突，三晋与楚国发生多次激战，楚国被三晋连续击败。

魏国占领的齐地与朝歌地区相连后，魏国在漳水与黄河之间就有了一大片土地，对突入卫地的赵国都城中牟威胁极大。赵烈侯对魏文侯对赵国的压迫很不满。但由于此时魏国十分强大，魏文侯又巧言令色，打着三晋联合发展的旗号，赵烈侯还没有与魏国决裂的勇气。魏文侯的三晋联合实际上是以魏国为中心，拉拢韩国，借着联合发展削弱赵国。赵国虽然也可以得到一些好处，但付出的代价很大。魏文侯的巧取豪夺与当年赵襄子的手法一般无二。

魏文侯打着驱逐齐国在卫势力的名义，将齐、赵一直争夺的漳水南岸地划入魏国的势力范围，赵国在漳南多年的辛苦经营白费了。

魏文侯在漳水向南最突出的部位设立了邺县（今河北磁县东南邺镇）。邺县的设立使赵国南进中原的战略构想遭到了迎头一击。赵都中牟的前方是朝歌，东方是汤阴，都是魏国的重要军事据点。中牟的西方是太行山，无发展的空间。邺设在中牟的身后，使本来就突入卫地的中牟显得更加突出，更加孤立，十分危险，根本不适合作为国都。邺顶在了赵国南进中原的战略基地邯郸的正南方，迎头拦住了邯郸的南进之路。

邺是抑制赵国南进中原与魏国争利的战略据点，必须要任用一位能独当一面的大臣，才能担当这个重任。魏文侯选择了名声赫赫的西门豹。

漳水经常泛滥涌向邺地，邺地的百姓深受水灾之苦。当地的三老、廷掾（廷掾，县一级的官吏名称，督乡事。）借为河伯娶妇平息水患为名从百姓身上每年都搜刮大量的钱财。百姓中有好女子的人家为了逃避被选中为河伯妇的厄运，纷纷逃往外地，人口流失严重。

西门豹入邺后，以其人之道还治其人之身，巧妙地制服了当地的三老和廷掾，废除了为河伯娶亲的陋习，止住了百姓的流失，为百姓节省了每年为河伯娶妇付出的大量赋税。

西门豹为了解决漳水泛滥和邺地盐碱化严重的问题，在漳水南岸开凿了十二条水渠。这十二条水渠很好地完成了泄洪任务，消除了漳水泛滥对邺地的危害。西门豹从这十二条水渠引漳水灌溉邺地，反复冲刷，改善了邺地的耕地质量。西门豹的治漳成功，使从前以多水患、田地贫闻名的邺地变成了著名的良田。邺地的经济开始复苏，原来逃走的百姓又回来了。邺地处于赵、魏之间，离卫、齐很近，西门豹利用邺地的这

第五章 魏氏：最后的姬姓强宗

个地理优势，鼓励百姓从事商业，获利颇丰。

邺地的百姓对西门豹都很感激，十分拥护魏国的统治。邺地在西门豹的治理下，成为魏国巩固的制赵战略基地，处于魏国中央政府的控制下。赵国对邺曾经采取过多次的进攻，但是却无法巩固占领地，魏军在邺地百姓的支持下很快就赶走赵军，夺回邺地。赵国由于无法突破邺地对邯郸的封锁，一直无法南进中原。

吴起

赵氏在北，韩氏在东，韩氏的发展方向是魏氏、韩氏南面的郑国，魏文侯便把发展的方向放在了西面的秦国。

魏文侯二十七年（公元前419年），魏国西渡黄河在少梁（今陕西韩城西南）筑城，建造进攻秦国的军事据点。秦军对魏国的入侵进行反击，经过几番较量，渡河的魏军占领了少梁这个重要的军事据点。秦军一边围攻少梁的魏军，一边在黄河沿岸建造防御工事，阻止更多的魏军渡河。

魏相翟璜向魏文侯推荐卫人吴起，魏文侯对吴起的指挥才能很欣赏，任命吴起为魏军攻击秦国的主将。吴起上任后，魏、秦在西河的僵持局面很快被打破，魏军节节胜利。

魏文侯三十三年（公元前413年），吴起率领魏军在西河战场战胜秦军，冲破秦军西河防线。随后，吴起直扑秦国进入渭河平原的咽喉要地郑（陕西华县），秦国举国震怖。如果吴起攻破郑，进入渭河平原，就等于控制了秦国的粮袋子，渭河平原是秦国的粮食基地。渭河平原无险可守，吴起可以向西一路平推，如入无人之境，兵临秦都雍（今陕西凤翔），秦国就会有灭国的危险。吴起攻秦的目的是灭秦，这让秦人十分恐惧。

秦简公一方面调集重兵防守郑，一方面派遣使者请齐、楚出兵攻击魏国，减轻秦国的压力。齐宣公和楚简王见魏国的主力集中在西线攻秦，便向魏国的几块飞地进攻，连连得手。秦简公见齐、楚得手，便命令西河防线的秦军切断吴起的退路，与驻守郑的秦军夹攻吴起。

魏文侯对于齐、楚对魏国东方飞地的进攻，没有理睬，督促吴起继续攻秦。

吴起在郑与秦军展开决战，魏军大胜。魏太子击趁秦军西河守军主力围攻吴起防守空虚之际，指挥黄河东岸的魏军渡河。太子击率军攻破了秦国西河防线的军事重镇繁庞（今山西韩城东南），秦国的西河防线被魏军彻底突破了，大批的魏军进入秦国。

吴起指挥渡河的魏军对秦国在西河地区（今陕西洛河、黄河与渭河间的大片三角地）的军事据点进行清除，陆续占领了临晋（今陕西大荔东南）、王城（今陕西大荔）、元里（今陕西澄城南）、洛阴（今陕西大荔西南）、合阳（今陕西合阳东南）、阴晋（今陕西华县东）等城。由于秦国的政治腐败，西河的百姓对秦君很失望，反而对军纪严明的魏军很欢迎。吴起把魏国的利民便民政策带到了西河，马上得到了西河百姓的支持，魏军在西河站住了脚。西河的秦国百姓很乐于为魏军服务，吴起在西河的兵员、给养得到了就地补充。吴起派出了一大批西河人进入秦国散布秦军战败、魏军仁义的言论，秦国本来就十分紧张的国内局势更加不稳了。秦简公命令国内一级警戒，严查来历不明之人，官吏都被武装起来，准备战斗。

到了魏文侯三十八年，魏国完全占据了西河地区，魏国的领土大大扩张。吴起向北还夺取了戎狄少数民族的大片土地，魏文侯在此设置了上郡（今陕西境内洛河以东，黄梁河以北，子长以南）。魏国又占领了陕（今河南三门峡西），控制了西方与中原交通的黄金通道。秦国被压迫在洛水以西，沿洛水西岸构筑防御工事。魏文侯在洛水的东岸修筑了一条长城，南端越过渭水与阴晋相连，北端到达雕阴城（今陕西甘泉南）以西。魏国将秦国压制在洛水以西长达八十年，使秦国不得与中原交通，魏国独擅关东之利，利用地理上的垄断地位控制秦国同中原的交流，从中攫取暴利，秦国受到了很大的削弱，魏国却越来越富。

西河学派

魏文侯在西河地区一方面完成了军事占领，另一方面把魏国的便民新政策带到了西河，得到了西河百姓的拥护，魏国在西河建立了稳固的统治。在得到西河这一大片土地后，魏国不仅解决了秦对魏国的威胁，

第五章 魏氏：最后的姬姓强宗

国内人多地少的困难也得到了一定的缓解，魏国的粮食生产有所改善。西河为魏国提供了战略上的回旋余地，同时还为魏国提供了兵员和粮食。

魏国在西河实行的新政策对秦国百姓产生了巨大的吸引力，秦简公为了安抚民心，被迫实行初租禾，初租禾就是按照土地占有者实际占有的土地面积，征收农作物实物税。这项制度的实施，就是在法律上承认了土地占有者对所占土地拥有所有权，使大批占有私垦田地的地主和自耕农成为土地的合法主人。魏文侯在对秦攻略中除了军事打击、政策攻心外，还进行了文化渗透，著名的西河学派就是在这个背景下产生的。

秦人本是戎狄之后，由于受到华夏先进文化的影响而放弃了西向戎狄发展的打算，改向东方发展，学习中原。魏文侯知道秦人不易武力屈服，但却对中原文化很向往。于是魏文侯重用当时著名的大儒子夏，拜子夏为老师，在西河讲学。

子夏是孔子的学生，名卜商，比孔子小四十四岁，生于公元前507年。魏文侯在延请子夏来西河的时候，子夏已是百岁老人，很少亲自教授了。而且子夏由于老年丧子之痛，哭瞎了眼睛。在西河真正教授的是子夏的弟子齐人公羊高、鲁人谷梁赤、魏人段干木和子贡的弟子田子方。

尽管子夏非常注意养生，身体一直很健康，但毕竟年事已高，而且双目失明，最初对魏文侯的邀请是很犹豫的。魏文侯知道子夏是各国士人的灵魂宗师，决心一定要请子夏到西河坐镇。于是，魏文侯亲自拜子夏为师，对子夏异常尊重。给国君做老师是儒的最高荣誉，即所谓的帝王师。子夏是第一个享有这个荣誉的大儒，甚至孔子在生前也没有享受过如此高的荣誉。子夏被魏文侯的诚意感动了，决定亲自到西河坐镇。

由于子夏做了魏文侯的老师，而且亲自坐镇西河，华夏文化的重点就转到了魏国，转到了西河，形成了著名的西河学派。

子夏在西河的象征意义极其重大，不仅对秦国、楚国、赵国这些外族文化占上风的国家的怀化作用十分显著，而且使魏国俨然成为中原各国中的文化宗主国。

儒本来是以教授礼、乐、射、御、书、数六艺的教师。而六艺是贵族和士人在治理国家中必须要掌握的基本技能。儒由于各有侧重而产生不同的流派，相当于不同的学科。鲁国的曾参之儒是以重礼，尤其是重孝为代表的流派，培养的是掌礼之儒，这些人不以经世济用为特长，在各国官僚系统中的地位不高。子夏之儒培养的是经世济用之儒，大量地充斥到各国的官僚系统中，是当时最有影响力的儒学流派。子夏到西河后，谋求进身的士人纷纷转入西河学习。这个时候，西河学派应魏文侯的要求已经不以贵贱为收取学生的标准了。子夏由于不亲自教课，而且已经享有了魏文侯师的至高荣誉，也就不计较了。这些士人在西河学派学习后，很自然地选择魏国为其效力的首选国家。这样，西河学派为魏国吸引、培养了大批官员。各国的士人对西河都很向往，魏国无形之中成了他们理想的效力国家。

西河学派教授的内容很丰富。公羊高与谷梁赤本来不是最能代表子夏思想的学生，但由于他们教授的历史学科《春秋》是以服务国君为对象的，所以魏文侯抬高了他们的地位。公羊高口授的《春秋》成为后来《春秋·公羊传》的蓝本，谷梁赤口授的春秋成为后来《春秋·谷梁传》的蓝本。子贡的学生田子方传授的不仅包括儒本身的六艺，还包括子贡对儒学的发展，纵横术与经商的本领。纵横术是士人成为官员后，从事外交所必须具备的才能，而经商致富则是一个官员富国富民所必须要掌握的知识。子贡、田子方对传统六艺的发展是与当时的时代发展，各国对官员的要求相适应的。段干木是子夏看重的一个学生，他的教授中还可以看到子夏培养高级官员的精髓。魏文侯担心段干木培养的高级官员不为魏国所用，反而与魏国为敌，便让段干木主要教习魏国的公室贵族，并请子夏对自己的子弟进行指点。

魏国本来对儒是不重视的，魏国的文化与韩国一样，起初受卫国的鬼谷文化影响最大。魏文侯时，任用大臣不看出身，重视能力，提拔了很多平民和有戎狄背景的人才，魏国的贵族很少得到重用。魏文侯重用的最重要的两个人物吴起和李悝都是来自卫国的平民，乐羊、西门豹是魏国的平民，翟璜是戎狄出身，只有魏成是魏文侯的弟弟，出身贵族。而魏文侯以后，魏国的大臣结构由于魏文侯对鬼谷学派和西河学派的融合而发生了很大的变化。在段干木及得到其真传的弟子的教授下，魏国的公室贵族出现了大批的人才，如公叔痤、公子昂，成为魏国高级官员的一个主要群体。田子方的后学门生逐渐融入段干木这一支。魏国大臣

第五章 魏氏:最后的姬姓强宗

的另一个集团则是受鬼谷文化影响出身平民的人,其中以公孙衍和庞涓为代表的西河出身的很多。这两个集团在魏文侯以后的魏国政坛争夺很激烈。后来,受西河学派影响很大的贵族集团占了上风,魏国逐渐衰落了。而公羊高和谷梁赤这两支很少出现有政绩显著的高级官员。

鬼谷子

鬼谷子,姓王名诩,春秋时人。常入云梦山采药修道,因隐居清溪之鬼谷,故自称鬼谷先生。鬼谷子为纵横家之鼻祖,苏秦与张仪为其最杰出的两个弟子〔见《战国策》〕,另有孙膑与庞涓亦为其弟子之说〔见《孙庞演义》〕。

纵横家所崇尚的是权谋策略及言谈辩论之技巧,其指导思想与儒家所推崇之仁义道德大相径庭。因此,历来学者对《鬼谷子》一书推崇者甚少,而讥诋者极多。所谓"智用于众人之所不能知,而能用于众人之所不能。"潜谋于无形,常胜于不争不费,此为《鬼谷子》之精髓所在。《孙子兵法》侧重于总体战略,而《鬼谷子》则专于具体技巧,两者可说是相辅相成。《鬼谷子》共有十四篇,其中第十三、十四篇已失传。《鬼谷子》的版本,常见者有道藏本及嘉庆十年江都秦氏刊本。

西河学派与鬼谷学派的争斗在魏文侯在世的时候就已经开始了。鬼谷学派虽然不像西河学派这样大张旗鼓地收徒讲学,但也在不断地表达不同的学术见解,其中最突出的一个事件就是吴起与公羊高、谷梁赤对《春秋》的争论。历史是当时贵族和士人教育中最为重要的一个学科,而《春秋》是必讲的一门课程。但由于《春秋》只记结果,不记过程和背景,如何解释《春秋》记载的历史事件的真相就成了仁者见仁,智者见智的事了。魏文侯出于控制士人的目的,拔高在学术上并不是很深透、比较迂腐的公羊高和谷梁赤的地位,使公羊和谷梁学派的忠君思想深入士人之心。而吴起由于早年投身曾参被逐的经历,对腐儒产生了很大的敌视情绪。吴起根据自己对《春秋》的理解,作了一本《左氏春秋传》(即《左传》),与《公羊春秋传》和《谷梁春秋传》相抗。吴起对《春秋》的见解要更符合实际,更符合政治军事斗争的实际,但是魏文侯不想让更多的人了解政治、军事斗争的实际情况,对《左氏春秋传》很少宣扬。由于魏文侯的扶植,公羊与谷梁两派占了上风,吴起对此很郁闷。

子夏在西河没有几年就去世了,但其在西河的象征意义却长期存在,魏国取代鲁国成为中原各国的文化中心。魏文侯尊子夏为师的政治效果十分显著。

魏国之所以能够称霸百年,一方面是由于强大的军事实力,另一方面就是因为魏文侯把魏国变成了中原各国的文化中心。

◎ 魏惠王:百年霸业终结者

贵族与平民的对立

魏惠王,公元前400～公元前319,享年102岁,姓姬,魏氏,名䓨,魏武侯之子、魏文侯之孙,是魏国的第三位君主。最初魏惠王与公子缓(魏缓)争立,公子缓,是魏武侯的庶子。魏惠王得到了以魏武侯的弟弟公叔痤为首的贵族大臣的支持,公子缓却得到了平民大臣的支持,两派势均力敌。

起初,魏文侯以能取人,贵族由于能力普遍不行,能够出任重要职位的人很少。而平民中人才济济,翟璜、李悝、吴起、乐羊、西门豹均是声明赫赫的重臣,翟璜、李悝更是多次出任相邦。在这个时期,平民大臣集团在与贵族大臣集团的竞争中占有绝对的优势。这种情况在魏文侯请子夏到西河后,开始发生改变。魏文侯请子夏、段干木、田子方精心调教贵族子弟,结果,魏国的贵族子弟中陆续出现了一大批出色的人才。

魏武侯即位后,吴起、乐羊为首的平民大臣集团咄咄逼人,魏国的局势一时很紧张。魏武侯把李悝、西门豹从平民大臣中分离出来,在李悝和西门豹的支持下,才逐渐稳定了局势。乐羊和李悝相继死后,魏武侯果断地弃用吴起,起用自己年轻的异母弟公子痤为相,吴起为此忧惧

第五章 魏氏：最后的姬姓强宗

而离魏入楚。由于乐羊的去世和吴起的离魏，平民大臣集团的势力受到削弱。魏武侯从贵族子弟中提拔了一批能力出众的人出任魏国的重要职务，贵族大臣的比例才得以提高。魏武侯十六年（公元前380年），乐羊的子弟在灵寿（今河北平山）助中山国王室成员复国，摆脱了魏国的控制。魏武侯以此削夺了一批与乐羊交厚的平民大臣的官职，另有一批平民大臣因惧怕魏武侯深究此事而逃出魏国，投奔中山国。为此，平民大臣的势力再次受到削弱，贵族大臣集团与平民大臣集团的实力逐渐均衡。

魏武侯时期国际竞争已十分激烈，吴起离魏入楚后，魏国的霸业受到挑战，魏武侯为了保持国家竞争力使国家力量不因立太子引发内斗而受到削弱，对势均力敌、争立太子的魏惠王和公子缓采取不表态的办法，结果一直到死，魏武侯也没有指定接班人，把这个问题留给了魏惠王和公子缓自己解决。

公元前369年，赵成侯和韩懿侯趁强大的魏国陷入内乱，带兵攻入魏境，占领了一片土地。赵成侯和韩懿侯把此前一直由魏国控制的晋国灭掉了。赵、韩平分晋国仅有的绛和曲沃，把晋惠公迁往屯留，晋绝祀。此时，魏惠王在公叔痤的帮助下，击败了公子缓。赵成侯在韩国退兵后，联合公子缓，意图先歼灭魏惠王，再消灭公子缓，独占魏国。结果，魏惠王、公叔痤大败赵国和公子缓的联军。

魏惠王即位后，并没有将平民大臣赶尽杀绝，只是处理了几个追随公子缓的顽固的首要分子，其余大臣照常使用，魏国的政局很快稳定了。魏惠王对跟随自己的贵族大臣论功行赏，但却不允许贵族大臣因战胜之功而骄慢平民大臣，避免造成新的动乱。魏惠王安抚平民大臣，约束贵族大臣，使魏国的内乱给魏国造成的不良影响减到最小。

真实的庞涓

魏惠王初期，魏国在军事上遭到了一系列的挫折。在东部战场，魏国被齐国击败。在西部战场，秦献公屡次击败魏军。魏惠王六年（公元前364年），秦献公更是大胜魏军于石门（今山西运城西南），斩首六万，魏军遭到了从来未有过的惨败。

从魏文侯时期魏国就建立的武卒常备军本来一直是魏国胜利的保证，但随着战争规模的日益扩大，战争频率的不断提高，武卒的消耗量远远高于补充量，呈现严重的入不敷出状态，这种情况在魏武侯后期就已出现。魏武侯不得已降低了武卒选拔的标准，大批不合格的兵员进入到武卒，使武卒的质量下降。好在当时魏军中还有许多有丰富作战经验的武卒，能够起到骨干作用，这些新的武卒通过老武卒的传、帮、带，可以在较短的时间里提高很多。但在魏惠王和公子缓的内战中，不少有经验的武卒被消耗掉。在魏惠王初期的战争中，魏军有经验的武卒在频繁的战争中又被消耗掉很多。魏惠王决心重整武卒，解决魏军战斗力下降的严重问题。

魏惠王对武卒的重建实际上从一即位就开始了。为了保证新武卒的质量，魏惠王要求负责训练的军官必须要严格按照新的武卒标准来训练、达标，魏惠王要建立一支能打硬仗的精兵。

魏惠王特别留意军事指挥员的选拔，亲自选拔了庞涓、公子昂、龙贾等一批青年将领，再加上公叔痤和太子申，魏军有了一批优秀将领。

庞涓是魏惠王最欣赏的将领，庞涓负责训练的武卒是魏国最精锐的部队。庞涓是个很克制的人，而他的才能，魏惠王认为即便与当年的吴起相比也丝毫不逊色。庞涓是魏国河西郡庞城人（今陕西韩城东南）。

庞涓本无意政治上的争斗，一心钻研军事，但是魏国由来已久的贵族与平民大臣之争很快就把庞涓卷了进去。庞涓出身平民，严谨善思，很快就凭借战功在平民大臣中占有了重要的一席之地。对于庞涓的军事才能，公叔痤一直不服气，总想压倒这个年轻人。

魏惠王八年（公元前362年），魏相公叔痤在浍水北岸大败赵、韩联军。秦国趁魏国与赵、韩交手之际，意图夺回被魏国占领多年的西河旧地，大举进攻魏河西郡。公叔痤在击败赵、韩联军后，想趁战胜之威挫败秦军。公叔痤希望通过连胜赵、韩、秦的出色战绩压倒庞涓。结果，公叔痤被秦庶长国击败，本人还做了秦军的俘虏。秦献公早年在魏受公叔痤的照顾很多，所以盛情款待了公叔痤一番就把公叔痤放了回去。按照魏国法律规定，像公叔痤这样大败而且被俘的将领是要杀头的。

公叔痤归国后，魏惠王亲自来看望公叔痤，劝公叔痤好好养病，没

第五章 魏氏：最后的姬姓强宗

有提及战败之事。公叔痤知道自己对魏惠王有拥立之功，魏惠王对自己这是网开一面。但是魏惠王虽然可以免自己一死，但自己的政治前途也就到此为止了，公叔痤为此十分沮丧。战败之辱和免死之愧也折磨着公叔痤的精神，公叔痤蛰居家中，羞于面对魏国的大臣们，没过多久就压抑地去世了。公叔痤临死之前，向魏惠王推荐家臣卫鞅为自己的继任者。魏惠王对公叔痤府里的这个年轻家臣没有给予足够的注意，以为骨子里一向轻视平民的公叔痤举荐这样一个年轻家臣是受战败的刺激而说的胡话。公叔痤看出来魏惠王没有把自己的话当回事，就劝魏惠王如果不用卫鞅就一定要杀死他，以免为别国所用，对魏国不利。魏惠王也没有听从公叔痤杀死卫鞅的建议。后来，卫鞅入秦，得到秦孝公的重用，成为魏惠王的劲敌。

　　在公叔痤战败的同时，庞涓却在对赵国的战争中取得了大胜。庞涓攻取了赵国的列人和肥（二地分别在今天的河北省肥乡县东北和西部）。列人和肥是赵国都城邯郸东部的两个军事据点，庞涓拔此二城对邯郸造成了巨大的威胁。由于魏国被秦国在西部战场击败，魏国的河西郡危急，魏惠王暂停了攻赵的战争，调魏国最精锐的庞涓军与秦军作战。

　　庞涓的家乡就在河西郡，对这里的地形非常熟悉。庞涓要与秦军作战，就必须得西渡黄河。黄河在经过龙门后，遇汾河河流，水面加宽，水流变急，这一段黄河天险基本上被秦军占据。魏国在河西郡还有几个据点没有丢。当初公叔痤就是想利用庞城守军与渡河魏军夹攻秦军，结果被秦庶长国全力歼灭庞城守军后，大败半渡的魏军，公叔痤也被活捉。

　　庞涓决定采用声东击西、攻其必救的战术抢渡黄河天险。他让魏军搭建浮桥，摆出从临晋（今陕西大荔县东南）渡河的架势。由于在河西的魏军还掌握阴晋（今陕西华县东）这个战略据点，庞涓在临晋渡河，使秦军造成庞涓要救阴晋的判断。阴晋靠近当时秦国的都城栎阳（今陕西省临潼县栎阳镇）。此时庞涓的名声已经很大，秦军对庞涓的攻秦十分紧张。如果庞涓渡河，与阴晋的魏军会合，直扑秦都栎阳，秦国在河西的整个战局就会发生翻天覆地的变化，转瞬间变为极为不利。秦献公死后刚刚即位的秦孝公开始调整军事部署，把防御的重点放在临晋和栎阳附近，同时加紧进攻魏国留在河西的钉子阴晋。

庞涓见秦军果然加强了对临晋的防守，便虚张声势，加快渡河浮桥和船只的建造，造成临晋局势的更加紧张。在看到调往临晋的秦军越来越多后，庞涓在一个黑夜，命令一部魏军佯过浮桥，与临晋魏军激战。庞涓亲率精锐魏军北上，从秦军防守薄弱的合阳（今陕西合阳东南）渡河，向秦都栎阳进军。

五十年前，吴起攻占西河后，采取了一系列的富民政策，西河的百姓对魏国有很强的归属心。此时，秦国正值献公刚死，孝公刚刚即位的当口，西河魏民反叛之心正盛。庞涓本人又是西河人，在西河百姓的心目中有很高的地位。因此，在庞涓进军栎阳的途中，大量的西河百姓劳军，加入到了魏军的行列里。庞涓回到西河的消息很快就传遍了西河，各地的百姓纷纷起来反抗秦军，秦军处于十分被动的局面。庞涓有意控制进军栎阳的速度，以使西河百姓先起来反抗秦军，使秦军在西河的处境开始窘迫。秦孝公对庞涓入西河所掀起来的民变波澜十分担忧，要求秦军迅速击败庞涓，以稳定西河的局势。在西河百姓的帮助下，庞涓很轻易地击败了阻击他的秦军。驻守临晋和围攻阴晋的秦军也很快被击败，佯攻临晋的魏军渡河与阴晋的魏军会合，向栎阳进发，与庞涓军形成夹攻之势。

秦军虽然奋力与魏军作战，但还是被庞涓攻破了栎阳，河西又被魏国夺回去了，秦孝公被迫迁回秦旧都雍。

庞涓在攻破秦国，迫使秦孝公迁都回雍后，魏国的声势大振，再现昔日的霸主雄风。

在重创秦国后，魏惠王决定把都城从回旋余地狭窄而且易受秦、赵、韩攻击的安邑迁往交通发达，处于中原核心地区的大梁（今河南开封），这样可以更方便地参与中原事务。

抗击四国之战

魏惠王九年（公元前361年），魏国迁都大梁后，魏惠王便开始了对大梁的苦心经营。

第五章　魏氏：最后的姬姓强宗

魏都大梁

魏惠王建造的大梁城周长达三十余里，城墙高而厚实，是当时中国规模最大的城市之一。大梁城中的居民多达三、四十万，与以人口众多著名的齐都临淄不相上下。

大梁城是战国时期最坚固的都城，大梁这样规模庞大、城墙高厚、人口众多、粮草丰厚的巨城，没有三十万人根本不要想攻城的事。战国时期的名将田忌、魏冉、白起都曾经进攻过大梁，但最终都是望城兴叹，悻悻退兵。在整个战国时期，大梁城只有一次被攻破，就是秦将王贲灭魏时。王贲引黄河、大沟之水灌大梁，水淹大梁城三个月，大梁城坏，魏国灭亡。

魏惠王除了把大梁城本身建造的十分牢固外，还把大梁周围发达的水网改造成一个完整的水陆立体防御体系，加强了大梁的自卫能力。此外，为了防御魏国西部的韩国、秦国对大梁的进攻，魏惠王十二年（公元前358年）开始在大梁以西修建长城。这是一条设计合理、因地制宜的内陆长城。魏长城西有阴沟为天然护城河，东有巨湖圃田为天然屏障，圃田南面有当时著名的关城榆关（今河南蔚氏大庄头一带）。由长城、榆关和阴沟、圃田构成的防线保证了大梁的西部安全。而大梁北面又有黄河可作为天然屏障，并且在魏文侯、魏武侯时期，魏国已经在这一段黄河两岸的土地构建了许多军事据点。黄河及其周边的军事据点成为大梁北部安全的屏障。

此外，魏惠王还控制了东面的卫国和宋国，把卫、宋作为大梁东部安全的缓冲地带。

由于魏国的土地比较分散，旧都安邑与新都大梁之间的土地联系很薄弱，只能向北绕道榆次、阳邑南下进入河内、大梁版块。这条交通线不仅绕道、麻烦，而且非常容易被切断，魏惠王决定通过与赵国和韩国换地来对魏国土地进行整合，加强安邑与大梁的联系。赵、韩迫于魏国的压力，同意了魏惠王的换地要求。

魏惠王通过一系列的换地，把对魏国来说不是很重要和不易控制的一些地区给了赵、韩，却得到了十分重要的交通要道和赵、韩插在魏国境内的军事据点，这对魏国的形势更有利了。

魏惠王迁都大梁，建筑大梁坚城，经营大梁水网，兴修水利，迫使赵、韩换地，整合魏地，这一系列举动给中原各国带来了极大的恐慌，各国国君加强联系，外交活动频繁，合纵、连横运动此起彼伏。中原各国的竞争骤然加剧，使战国间的国际关系瞬息万变，大国兢兢业业，小国战战兢兢，魏惠王的一举一动都会使整个战国形势随之改变。

魏国本来就是一个称霸数十载、家底雄厚的超级强国，再经过魏惠王的一番作为，魏国更是成了中原各国中的巨无霸。魏惠王凭借超强的国力，迫使周边的韩国、宋国、卫国、鲁国臣服魏国，魏国的势力再次扩张。在控制了这些国家后，魏惠王开始研究对付赵、秦、齐、楚。

魏国在南，赵国在北，两国全境接触，是此消彼长的关系。魏惠王在控制了整个中原核心地区后，进一步将赵国向北驱逐。赵国不甘心退出中原事务，与魏国产生了激烈的冲突。魏惠王认为赵国是魏国最顽固的敌人，两国的矛盾是不可调和的，只能通过战争解决。魏惠王决定对赵国采取坚决打击的策略。

秦国自从被吴起夺取西河地后，就被魏国死死地压制在洛水以西地区。秦献公晚年，秦国曾经夺取过西河大部地区，但是好景不长，秦孝公被庞涓攻破都城栎阳，被赶回了秦国的旧都雍。秦孝公和卫鞅经过不断的变法，秦国的国力逐渐增强，开始步入强国行列。魏国控制秦国与中原的交通已达五十年，从秦国身上盘剥了数不清的好处，秦国对魏国是又恨又怕。魏惠王知道秦国不敢单独与魏国为敌，只能扮演趁火打劫的角色，没有领头闹事的，秦国是不敢与魏国为敌的。只要敲掉领头的，秦国马上就会老实。对待秦国，魏惠王并不像对待赵国那样重视，只采取了一般交往、暗中防备的策略。

齐国在齐威王即位后呈现出上升势头，齐威王也想插手对鲁、卫的控制。但是齐国与秦国一样只是刚刚崛起的强国，还不具备向巨无霸魏国挑战的实力。魏惠王对齐国采取了与秦国类似的策略。

此时楚国忙于应付西方的秦、巴、蜀和东方的越、齐，楚宣王忙得焦头烂额，对于强大的魏国，楚国是不愿找麻烦的，楚宣王对魏惠王一直很害怕。魏惠王抓住楚宣王的心理，多次掠取楚地，楚宣王都忍气吞声。魏惠王还利用一直想要吞并楚国的越国牵制楚国，使楚国无力攻击

第五章 魏氏：最后的姬姓强宗

魏国，楚国对魏国难以构成大的威胁。

赵成侯不堪忍受魏惠王的压迫，联合秦孝公和齐威王，共谋图魏。秦孝公和齐威王也对魏惠王的不断扩张感到恐惧，正有抗魏之意，赵、秦、齐一拍即合。赵成侯又联系楚宣王攻魏，楚宣王犹豫不决。

赵、秦、齐三国都是当时的强国，三国以为凭三国联合起来的实力，是可以战胜魏国的。赵成侯认为赵国从北，秦、齐从西、东三个方向夹攻魏国，魏国必败无疑。秦孝公和齐威王也以为这场战争，三国是稳操胜券，都想借赵国与魏国激战的机会趁火打劫。三国在这种心态下，开始向魏国进攻。赵、秦、齐集团与魏、韩、卫、宋、鲁集团的大战爆发了。

魏惠王十六年（公元前354年），赵国首先进攻垂涎已久的卫国，很快就占领了漆和富丘。此时，秦国和齐国也跃跃欲试。魏惠王分析了形势，决定先打击三国中攻魏决心最大的赵国。

魏惠王命庞涓率领魏、宋、卫联军救卫。庞涓没有与卫地的赵军纠缠，而是直接进攻赵国的都城邯郸。庞涓此时已是华夏各国中名声最胜的将领，赵国听说庞涓率魏军主力进攻邯郸，很紧张，命令卫地的赵军从后面袭击庞涓。结果，庞涓早就料到赵成侯有这一手，在进军邯郸的路上突然放慢行军速度，设伏歼灭了这支赵军。随后，庞涓兵临邯郸城下，开始攻城。

在庞涓进攻邯郸的同时，秦孝公命令一路秦军向魏国的河西郡进攻，占领了元里（今陕西澄城南）、少梁（今陕西韩城西南）。之后，这路秦军积极准备渡河攻击魏国的旧都安邑。秦孝公另派公子壮从鹿攻入韩国境内，一路向东，不与沿途韩军纠缠，直取韩都郑和魏都大梁，实施掏心战术。公子壮进军很顺利，马上就到了郑和大梁南部的重要城关榆关。驻守榆关地区的龙贾与公子壮在焦城（今河南蔚氏西北）激战一场，未分胜负，公子壮占领了榆关以南地区。

魏惠王十七年（公元前353年），齐威王见魏国最精锐的庞涓军顿兵邯郸城下，秦军攻取了元里和少梁，公子壮已深入到榆关，便命令田忌率领齐国著名的五都之兵进击魏军。

五都之兵

齐国没有郡这一级行政区划,而是设立了五个都。除了首都临淄外,还有高唐、平陆、即墨和莒四个都。五都既是齐国的五个行政单元,也是齐国的五个军事重镇,相当于五个行政大区和军区,是军政合一的建制。五都之兵是齐国的常备军,又被称为技击,各都的长官被称为都大夫。五都和五都之兵的建制在管仲助齐桓公称霸的时候就有了,历史非常悠久。齐国打仗一般都是征调临近战场的都兵参战,悉起五都之兵是不多见的。

此时,赵、秦、齐三国与魏国全面开战,魏国的形势很不利。在齐国的逼迫下,宋、卫、鲁三国叛变魏国,投降齐国,形势对魏国更加不利。楚宣王见魏国形势危急,也趁火打劫,派景舍进攻襄陵地区,占领了睢水和秽水流域的大片土地。秦国和赵国又在西部战场夹攻韩国,韩国全力支撑,无法分兵援魏。

面对这种不利局面,魏惠王紧抓决定战争胜负的关键,命令庞涓无论如何也要攻破邯郸,先降伏赵国。庞涓很快就扫清了邯郸外围不利于魏军攻城的赵军据点,开始攻邯郸城。

庞涓率领的是魏、宋、卫联军,由于齐国出兵迫使宋、卫、鲁叛魏投齐,这些宋国和卫国的军人有骚乱的动向。庞涓采取果断措施,处决了带头骚乱、蛊惑人心的宋、卫将领,将宋军、卫军和魏军整编为一军,由庞涓绝对领导,庞涓不允许魏军歧视宋、卫军人。整编后的魏军对邯郸城展开了猛烈的进攻。赵成侯请齐威王派军助战,与赵军里应外合夹攻庞涓。

田忌率领的是齐、宋、卫组成的庞大联军。田忌是当时齐国最优秀的将领,齐军也是齐国著名的五都之兵。此次齐威王以为胜券在握,派出了齐国的全部主力进攻魏国。

在齐军出兵之时,曾经就出兵方向产生过争论。邹忌主张进攻邯郸城下的庞涓军,与赵军联合消灭魏军的这支神话之军,魏国的士气必然会遭到沉重打击,魏国的失败指日可待。田忌主张进攻魏都大梁,与秦军公子壮形成夹攻大梁之势。田忌认为,齐军即便与赵军战胜庞涓,也必然损失很大。以齐军的损失为赵国解围不会得到什么好处,是得不偿

第五章 魏氏：最后的姬姓强宗

失的。而如果与秦军联合攻破大梁，占领这个富庶地区，齐国就控制了中原的水、陆交通枢纽，齐国的霸业就成功了。邹忌认为大梁城坚民众，粮食丰厚，是不可以在短时间内攻破的。如果庞涓攻破邯郸回师大梁，与大梁城内守军对齐军形成夹攻，齐军就会十分被动。秦军和楚军的坚战能力是不可信任的。齐军只有趁庞涓顿兵邯郸城下的机会消灭庞涓军，才能稳操胜券。

齐威王希望庞涓与赵国拼个两败俱伤，便决定齐军不进军邯郸救赵而是入魏与秦军攻大梁城。对于赵成侯的出兵请求，齐威王为维护联盟之势，不好无动于衷，命令田忌率军沿黄河南岸先进入卫国。齐威王命令宋国的军队进入卫境，与卫军一起向齐军集结，组成齐、卫、宋联军。卫、宋两国在叛魏前，有一部分军队随庞涓攻赵。叛魏后，又派军随田忌攻魏，这两个国家的军队被迫同时为两个集团服务。

齐、卫、宋联军集结后，进抵黄河南岸的顿丘（今河南清丰南）和刚平（今河南清丰西南），摆出随时渡河从背后攻击庞涓军的姿态，令赵国为之振奋，魏国为之担忧。魏惠王知道整个战争的胜负关键在邯郸战区。齐国悉起五都之兵，再加上卫、宋军队，田忌率领的这支庞大联军，如果与赵军夹攻庞涓，庞涓虽然善战，但对于数倍于己的赵、齐、卫、宋之军，能自保已属不易，再要完成攻破邯郸的艰巨任务实在是难以想象。

魏惠王为了保证庞涓攻邯郸不被田忌打扰，命令太子申率军入卫，吸引田忌来攻，解除庞涓的后顾之忧。

太子申率军进入平阳（今河南长垣北），迫近占据顿丘、刚平一带的齐、卫、宋联军。田忌见太子申的军队迫近自己，便派高唐、临淄两位都大夫进攻太子申。太子申引军后撤，高唐、临淄两位都大夫从后追赶，田忌顺势也指挥齐、卫、宋联军跟随入魏境。

太子申吸引田忌率军南下入魏，便解除了庞涓攻邯郸的后顾之忧。赵成侯见齐军没有按照预先的约定渡河与赵军联合攻击庞涓，既生气又失望，对齐威王十分怨恨。邯郸城下的魏军在解除了后顾之忧后，士气大振，对邯郸的进攻更猛烈了。而邯郸城内的赵国军民由于齐军的失约，抵抗魏军进攻的决心受到一定的动摇。田忌本来就无意救赵，太子申的出现正给了齐军入魏的借口。

太子申退入平陵（今河南兰考南）后便不再后退，等待高唐、临淄两位都大夫的进攻。平陵是东阳地区的战略要地，地近宋、卫，是大梁的东方门户。东阳地区驻有一支十分善战的魏军，魏惠王把这支魏军调入平陵，与太子申合军一处，归太子申统一指挥。高唐、临淄二位都大夫率领所部兵马到达平陵后，便向太子申的军队进攻。太子申据守平陵城，凭平陵的坚城深池连续挫败高唐、临淄两都兵的攻势。这个时候，从安邑方向来援救大梁的魏军在桂陵（今河南长垣西南）一带与田忌的大军交手。

平陵虽然不是一个规模很大的城，但却十分坚固，城外有引丹水而成的护城河，使平陵更加难攻。高唐、临淄两都兵进攻平陵已有时日，死伤众多，但平陵仍然在太子申的控制下。高唐、临淄两都兵出现疲态。太子申趁高唐、临淄都大夫意懒之际，突然率领魏军从平陵城中杀出，大败高唐、临淄两都兵。高唐、临淄两位都大夫率领败军向田忌大军靠拢。田忌此时已击退安邑来援的魏军。高唐、临淄两位都大夫在与田忌会合后，田忌便率领齐、卫、宋联军与追击而来的太子申军激战。被击败的魏安邑军见田忌攻击太子申军便从背面攻击齐军。田忌分一军牵制魏安邑军，而以主力与太子申军恶战。齐军的人数占有很大的优势，太子申军战败，魏安邑军随之气馁。两军按照魏惠王的指示，没有退入大梁，而是南下襄陵，与公子昂会合，再与楚军作战。

田忌领大军来到大梁城下，不禁为大梁城的雄伟庞大所夺气。大梁城周长三十余里，大梁城的外围是引圃田之水而成的护城河，又深又宽，很难渡过，将大梁城的防守面积又扩大了好几倍，齐军要想把大梁城包围严实是很困难的。由于魏惠王坚壁清野，齐军不仅难以找到渡河的船只和攻城的器具，如果攻城日久，就是大军的粮草也会成为严重的问题。田忌一面派人向离得比较近的宋国和卫国调集粮草、船只和攻城用具，一面开始试探性的攻城。试探的结果证实了田忌的判断，守卫大梁城的魏军斗志很盛，攻城的齐军很快就被击退了。实际上，这些齐军的攻城只是攻河。大梁城内不仅驻有步兵、骑兵、弩兵，还有大量的水兵。大梁城的水军在步兵、弩兵的配合下，严守护城河，齐军根本无法渡河。

第五章 魏氏：最后的姬姓强宗

从宋、卫调集来的粮草、船只和攻城用具从水、陆两路向大梁运送，沿途遭到魏国军民的伏击拦截，运到大梁城下的是少之又少，很难满足攻城和驻军的需要。

田忌陷入到了一个两难的境地。如果在攻城渡河用具不充足的情况下攻城，齐军无异于送死。如果等待攻城渡河用具筹备充足再攻城，齐军庞大的粮草消耗又很难维持。

宋、卫对大梁城下齐军的补给在魏国军民的干扰下越来越困难，要想等到万事俱备再攻城，看来是不行了。田忌不愿就这样灰溜溜地撤军，硬着头皮指挥齐、宋、卫联军在船只和攻城器具都不充足的情况下向大梁进攻。大梁水军在宽敞的护城河中就拦截住了联军的进攻，齐、宋、卫联军损失很大。很显然，蛮干的结果就是不断的伤亡。大梁城外的护城河中本来有十几条连接城内与城外的路，魏惠王为了使大梁更便于防守，把这些路毁了。大梁水军随时可以用船搭建浮桥联系城内与城外。大梁周围水道纵横，大梁水军经常通过水路与外界交通。

田忌攻城乏术，望大梁兴叹，无奈离去，南下襄陵。此前，襄陵由于魏太子申军和安邑军的进驻而实力大增，楚将景舍难以招架。田忌率领齐、宋、卫联军到达襄陵后，太子申据守城中，避不出战。

在这一年的年底，从北方战场传来了令魏国举国振奋的好消息，庞涓攻破了邯郸城，赵成侯投降了。庞涓攻破邯郸使整个战局发生了翻天覆地的变化。

魏惠王十八年（公元前 352 年）年初，西部战场的赵军无视赵成侯的停火命令，与秦军联手攻破了魏国的旧都安邑。进入邯郸的庞涓逼迫赵成侯连派数名公子到西部战场，传达赵成侯的命令，河东、河西的赵军才被迫停止了军事行动。赵军退出战斗后，秦军就单独面对魏军和韩军了。很快，魏军和韩军就扭转了西部战场的局势，向秦军反攻，秦军不利，只保留了安邑、少梁等几个军事据点。西部战场的魏军和韩军稳定住局势后，抽调出一部分兵力援助龙贾与公子壮交战。经过几个回合的较量，公子壮率领的秦军被全歼。龙贾收复了榆关以南的失地后，便率领魏、韩向西进军，援救襄陵的太子申。大梁城中的魏惠王命令大梁守军重建出城道路，直捣反复无常的宋、卫，切断了宋、卫对田忌大军的补给，田忌率领的齐、宋、卫联军只能向楚国寻求供给。

魏军在各个战场都扭转了局势，楚宣王见大事不妙，命令景舍停止对魏国的军事行动，向魏惠王求和，归还楚军占领的睢水、秽水间的魏地，同时切断了对田忌大军的供给。

龙贾率领魏、韩联军与襄陵城内的太子申军夹攻田忌率领的齐、宋、卫联军，取得了大胜。齐威王让田忌请景舍代为向魏国求和，魏惠王向齐威王索要了一大块土地，才算完事。

魏惠王十九年（公元前351年），魏惠王与赵成侯在邯郸城南的漳水会盟，赵成侯被迫接受了对赵国十分苛刻的屈辱条约。一年后，赵成侯就抑郁地去世了。庞涓把邯郸还给了赵国，撤军回魏。

魏惠王二十年（公元前350年），魏惠王在制服了最具有反抗精神的赵国后，便开始谋划攻齐。齐威王十分紧张，派邹忌向魏惠王求盟，表达齐威王对魏惠王的尊敬，同时向魏惠王献上了大量的财宝、土地才算了事。在勉强求得魏惠王的原谅后，齐威王下令筑堤防以为长城，以防御魏国的进攻。

魏国在惩罚了赵国和齐国后，秦国就成了魏惠王讨伐的下一个国家。秦孝公在彤（今陕西华县西南）与魏惠王相会，向魏国归还了安邑和河西的少梁、元里等地，魏惠王才同意秦孝公的求盟。

本想趁火打劫的楚宣王被魏惠王盘剥得更惨，赵、秦、齐、楚四个强国与魏国的较量以失败告终，都被迫接受了丧权辱国的苛刻条件。在战国时期能够同时击败赵、秦、齐、楚四个国家的只有魏惠王，此时的魏国霸业达到了前所未有的高度，处于巅峰状态。在这场战国时期最精彩、参与国家最多、战场最广阔的大战中，魏惠王与庞涓的表现无疑是最突出的。

一切归零

魏惠王在制服了所有的强国后，中原地区出现了非常难得的短暂和平时期，各国之间的纠纷都由魏惠王来做终极裁判，各国对魏惠王的裁判也都遵从，魏惠王成为中原地区实际的王，连周显王也要服从魏惠王

第五章 魏氏：最后的姬姓强宗

的命令。周天子的权威在鼎盛时期也没有超出黄河流域，绝难达到长江流域，而此时的魏惠王却能让长江流域的楚国、越国俯首帖耳，魏国成为横跨黄河、长江两大流域的霸主。这一时期虽然只有短短的几年，但却非常重要。魏惠王统一指挥了对黄河、淮河、长江水路的开通、疏导大业，使三大水系的联系大大加强，黄河流域的中原地区与长江、淮河流域的楚、越、九夷的联系更加紧密了。这种联系即便在魏惠王的霸业衰落后也没有减弱。

秦国由于地理位置的原因，是参与魏惠王领导的公益事业最少的国家。在魏惠王热心公益的这些年里，秦国的变法取得了更多的实效，国力也越来越强大。秦孝公在魏惠王二十年求得魏惠王的原谅后，就把都城从雍迁到了咸阳。在这些年里，秦孝公在商鞅的辅佐下，苦心经营咸阳地区，积极谋求夺回西河地，打通中原通道。但是，镇守西河的庞涓像当年的吴起一样，把秦国死死地压制在洛水以西地区，不让秦国靠近中原地区，控制秦国与中原的交流，独擅东方之利。日益强大的秦国不愿再忍受魏国的这种剥削，对魏国逐渐产生了抵触情绪。魏惠王注意到了秦国的这种苗头，要对秦国采取措施，以示警告。秦孝公很担心魏惠王把秦国看成一个潜在的敌人，为了打消超级强国魏国对秦国的敌视情绪，秦孝公派商鞅出使魏国。

商鞅就是当年公叔痤的家臣卫鞅。魏惠王是一个爱才之人，一直为当年对商鞅的走眼后悔不已。商鞅在与魏惠王见面的时候，是以对主人的礼节对待魏惠王的，说自己当年是公叔痤的家臣，应当以这种奴仆对主人的礼节来对魏惠王。作为一个国家的代表，这样的折节屈膝，目的就是要打消魏惠王对秦国的敌视情绪，而使魏惠王放松对秦国的注意，使秦国能够有更宽松的条件发展图强。商鞅的一番行为，让魏惠王又想起了当年的公叔痤，思念之情油然而起。

商鞅转达了秦孝公对魏惠王的敬意，表示秦国永远是魏国最好的臣子。魏惠王对秦国的态度开始转变，商鞅进一步劝魏惠王正式称王，表示秦国第一个向魏国称臣，做模范臣子。周系统的诸侯国称王是从来没有过的事情，以周礼的观点来看，诸侯国称王是最大的僭越，比谋反的罪名还要严重。虽然此时的周天子已威信扫地，但诸侯国称王仍然是一件冒天下之大不韪的异端之举。但由于此时的魏国特别强大，魏惠王已经不把自己看成是一个诸侯国的国君了，他达到的权力高度也确实不适合把他再简单地当成一位霸主来看了。无论是魏国的实力，还是魏惠王的声望，魏惠王都是担得起王这个称号的。魏国已经经历了魏文侯和魏武侯两代霸主，魏惠王对霸主这个称号已经不感兴趣了，他要获得更高的权力称号。王是当时最高级别的称号，魏惠王以前只有周天子才有资格称王。楚、越、吴、巴、蜀的国君虽然称王，但始终没有得到周系统的国家承认，周系统的国家仍然把他们视为蛮夷，根本不按王的礼节来对待他们，甚至一些大国国君还为此而敌视他们。严格来讲，楚、越称王是不算数的，只是听起来好听罢了。魏惠王决定要做一件前无古人的大事——称王。他要取代周天子，成为一位真正有能力贯彻自己意志的王。

魏惠王二十六年（公元前344年），魏惠王正式称王，成为周系统国君的第一位王。魏惠王采用天子的礼仪，要求各国以臣子之礼事魏国为君主。对魏惠王称王这样一件惊天动地的大事来说，各国虽然都有些不满，但没有反对的。

魏惠王在逢泽（今河南开封南）举行登基大典，各诸侯国均派高规格的特使来贺。宋、卫、邹、鲁等国的国君更是亲身参加魏惠王的登基典礼。周显王也派特使来祝贺魏惠王的称王，魏惠王的王号得到了所有国家的承认。

"旒冕"是古代天子、诸侯在重大仪式上戴的前后坠有玉珠的礼帽。这顶九旒冕共用九旒和九珠（五彩玉珠），共用珠162颗，仅次于皇帝的十二旒十二珠（共288颗）。在清代废除冕服制度之前，冕冠一直被帝王使用，而今天能够看到的实物，除了袁世凯那顶未被认可的"皇帝冕"之外，只有鲁荒王陵出土的这件了。

秦国的特使是秦孝公的同母弟公子少官。公子少官按照秦孝公的吩咐，在强国中率先以臣子的礼节对待魏惠王，同时向魏惠王进贡非常贵重的礼物。魏惠王对秦国很满意，也要求其他大国要像秦国一样向魏国进贡，齐、赵、韩、楚等强国都有怨言。

不光务其虚名，魏惠王对其他大国还有实际利益上的要求。魏国的

第五章 魏氏：最后的姬姓强宗

旧都安邑在魏与四国大战时被秦、赵联手攻破，暴露出了防守上的问题。安邑的西边有黄河天险和魏国的河西郡，南边是中条山和黄河大拐弯处，北边有汾水和吕梁山可做屏障，是比较便于防守的。对安邑威胁最大的是在东边的上党地区。上党属于太行山区，地势十分险要，有以天为党之称。安邑之所以失守，主要在于安邑守将没有充分估计赵国从上党袭击安邑背后的威胁，分兵出轵道救援大梁，从而造成了安邑守卫力量薄弱。因此，魏惠王向赵国提出以魏国河西的上郡与赵国的上党交换。这是一个严重危害赵国国防利益的苛刻要求。赵国的上党郡是赵氏家族发达之地晋阳的南部屏障，从上党可以一路无阻的北上晋阳。赵上党还是都城邯郸的西部屏障，赵国正是凭借上党才能抵挡秦国、魏国和韩国从西面向邯郸的进攻。上党是一个极其重要的战略要地，可以用寸土必争来形容上党的重要性。如果同意用赵上党同上郡交换，就意味着邯郸和太原的大门钥匙交到了魏惠王的手里，赵国离亡国也就不远了。新即位的赵肃侯与大臣们决定，宁可玉碎，也不能答应这个亡国的换地协议。

出于同样的考虑，魏惠王向韩昭侯提出了用魏国的河西郡与韩国的上党郡交换的换地要约。韩国的上党郡与赵国的上党郡一样虽然不是一个很富庶的地区，但由于其重要的战略位置而被韩国所珍视。韩国和赵国只要有一家答应魏惠王的换地要求，魏惠王就算是达到了目的。结果，韩国和赵国都拒绝了魏惠王的要求，看到韩国和赵国这两个曾经被魏国打得服服帖帖、委曲求全的手下败将竟敢违抗自己的命令，魏惠王怒不可遏，决定要好好教训一下他们。为求自保，韩、赵两国加紧了与秦、齐的联系。

魏惠王二十七年（公元前343年），魏惠王命令太子申伐赵。在战争初期，赵军一度占有上风，打到了魏国的首垣，但是很快就被太子申扭转了战局，赵军战败，被太子申一路撵回邯郸。赵肃侯向齐威王求救，齐威王命田忌率军驻于齐、卫边境。四国攻魏战败后，齐威王为当初自己决策弃赵攻魏失误负责，没有追究田忌的责任。此次战端又起，齐、秦、赵、韩不堪魏惠王的一再求索，再次结成反魏联盟，结果赵国三下五除二就被魏国打败了退保邯郸。齐军与赵军遥相呼应，牵制太子申。太子申退回魏境，以观齐军。

魏惠王二十八年（公元前342年），魏惠王命令庞涓伐韩。韩国五战五败，求齐国从东部牵制魏国。齐威王命田忌向太子申发起攻击，魏军与齐军在魏国境内发生大战。赵肃侯重整赵军准备助战。魏惠王命令庞涓尽快结束对韩战争，助太子申与齐军作战。秦孝公由于有了上一次的惨痛教训，听从商鞅的建议，决定先坐山观虎斗。楚宣王出于与秦孝公一样的考虑，也坐观事态发展。

魏惠王二十九年（公元前341年），庞涓制服韩国，迫使韩昭侯同意魏国的换地要求，进军东部战场，与太子申合战田忌。

庞涓到达东部战场后，魏惠王指定太子申为上将军，统一指挥两军。

庞涓自为将以来，就一直归魏惠王直接指挥，虽然也有过与太子申联合作战的时候，但都是各自军中的主将，彼此从来没有出现过隶属关系。此次，平民出身、已是战国第一名将的庞涓与贵族出身的太子申相互之间有了抵触情绪。

庞涓认为从军事才能和战绩来说，太子申没有资格指挥自己；而且，庞涓还认为打仗不是面子工程，不是为了好看，凭贵使能的做法是很危险的。

而贵族大臣们则为他们的领袖太子申出任平民大臣领袖庞涓的主将而感到高兴，认为这是魏惠王支持贵族大臣压倒平民大臣的一次重大政治胜利。贵族大臣为太子申打气，平民大臣则为庞涓鸣不平，派系斗争的刺激使庞涓与太子申的敌对情绪更严重了。

魏惠王对庞涓与太子申的这种安排，有他的一番道理。此时的魏惠王已经是一位八十岁的老人了，虽然他的身体很健康，但对于自己的身后之事也是越来越关心了。魏惠王本人就经历过与公子缓争立而造成的严重内乱。如果不是赵国与韩国对魏政策的意见不一，魏国恐怕已就此灭国了。这个经历让魏惠王异常重视接班人的问题，为了让继任者能够稳定顺利地完成权力交接，魏惠王决定尽快帮助太子申树立威信、建立巩固的政治优势。

当初魏文侯让魏武侯位居吴起之下，使魏武侯的威信受到影响，直到即位初期还不能建立权威，平民大臣一度出现失控的局面。这件事给魏惠王的印象太深了。因此，魏惠王让庞涓位居太子申之下，归太子申

第五章 魏氏：最后的姬姓强宗

领导这个决定的政治意图超出了军事斗争的实际需要。

此外，魏惠王这个决定还有一个重要原因。太子申能力出众，宽厚仁孝，是魏惠王最欣赏的一个儿子。此时太子申也已接近花甲之年，染有多种病症，魏惠王担心太子申会先于自己死去。因此，魏惠王一直为自己长寿而使太子申迟迟不能接班而感到愧疚。魏惠王称王以后，为了弥补这种愧疚，让太子申享有与自己一样的王的礼仪，以慰藉太子申迟迟不能即位的遗憾。而太子申坚持不用王的礼仪，却经常以一位军事将领的形象出现，让魏惠王更加觉得愧对太子申。太子申十分喜欢指挥作战，而且有很高的军事才能。为此，魏惠王有从军事上为太子申争取荣誉的打算。庞涓是当时华夏第一名将，此前一直为魏惠王直接指挥，此时魏军在军事上占有上风，魏惠王觉得让太子申指挥庞涓也无妨，更重要的是对，太子申来说作为军人，能够亲自指挥庞涓作战是一件无比荣耀的幸事。

由于庞涓的巨大声名，太子申没有把两军合一，而是让庞涓仍然率领所部人马，只是要听从太子申的统一指挥。太子申和庞涓很快就在卫都濮阳附近击败了田忌率领的齐军，齐军向马陵（今河南范县西南）败退。

马陵在地理上是个分界线，马陵以西的濮阳地区是平原地带，自马陵向东就进入到了马陵断裂带，为山岭地形。

由于是夜晚追击，庞涓建议太子申停止追击，以免中了齐军的埋伏，等天亮再说。太子申对马陵一带的地形比较熟悉，认为马陵虽然为山岭地区，但并不陡峭险隘，齐军大规模设伏的难度很大。而且魏军对齐军贴身追击，不给齐军摆脱魏军的机会，齐军就很难收缩包围圈，围击魏军。太子申觉得田忌的战败不像诈败诱敌，此时正是一举歼灭齐军主力的大好时机。庞涓再劝太子申，太子申便有些发怒，以为庞涓是有意阻止自己立功。太子申拿出主将的态度，训斥庞涓，命令庞涓追击齐军。说罢，便率领本部兵马紧追齐军进入马陵道。

如果是庞涓为主将，是绝对不会追击齐军的。从濮阳进入马陵道，地形就开始复杂，而且是夜晚追击，没有斥候的前方探路，是比较冒险的。太子申的话虽然也有道理，但庞涓总感觉有些不妥。庞涓虽然与太子申的意见不一致，但对于太子申的命令，却不得不遵守。首先，太子申是主将，如果马陵无齐军的埋伏，庞涓的不追击齐军就是严重的违抗军令，贻误战机，罪当处死。其次，太子申贵为太子，深受魏惠王的重视，如果发生意外，作为太子申助手的庞涓由于违命而未能跟随太子左右也是罪责难逃的。庞涓无奈，只女子跟随太子申军进入马陵道。

魏军进入马陵道后，意外的事情发生了。马陵地区的地形经齐军事先的人为改造已发生了很大变化，与太子申当初对马陵地区的印象大不相同，人为障碍物和被改造过的地形十分利于大规模设伏。由于是夜晚追击，等到太子申意识到中计的时候已经晚了，魏军已经全部进入到马陵道。事先埋伏在马陵地区的齐军见魏军进入到了包围圈，迅速收网，把魏军和一部分没有来得及摆脱魏军的齐军一起收在包围圈里。随后，齐军凭借地形的优势，采用各种杀伤手段对魏军展开了大屠杀。这场屠杀持续了很长时间，魏军多次的敢死冲锋都没有冲破齐军的包围圈。魏军在被消灭殆尽之后，田忌命人进入战场抓捕还在顽强抵抗的庞涓和太子申。庞涓见大势已去，绝无冲出包围的希望，便拔剑自杀了。一代名将为免遭战败被俘之辱，玉碎在了马陵。太子申自杀未遂，被齐军俘虏。

马陵之战，魏军两支最精锐的部队被齐军全歼。对魏国来说，更沉重的打击是被誉为魏军战神的庞涓在这场不该发生的战斗中死去了。太子申被齐军俘虏到齐国不久，就自尽了。太子申的被俘，是魏国的另一个巨大损失，奇耻大辱。

魏惠王为自己的错误决定懊恼不已，他知道失去太子申和庞涓对他自己，对魏国意味着什么。魏惠王强忍心中无比的悲痛和悔恨，振作精神做好马陵之战的善后工作。

魏惠王三十年（公元前340年），齐、秦、赵在魏国马陵大败后联合攻魏。韩国此前由于被庞涓打得失去了大战能力，只能自保，未能出兵攻魏，但却撕毁了与魏国达成的换地协议。

魏军在公子昂和龙贾等一批将军的率领下，勉强维持住了马陵大败后的紧张局面，击退了三国的进攻。

魏国的河西郡和上郡受到秦国的猛烈进攻，位于河东的旧都安邑也受到严重的威胁，魏惠王命令公子昂出兵攻秦。

第五章 魏氏：最后的姬姓强宗

公子昂是魏军名将，到达河西后，河西、河东的局势逐渐稳定下来了。由于公子昂兵锋甚盛，秦孝公命令商鞅亲自率军迎战公子昂。商鞅在魏时，与公子昂是好朋友，对公子昂出色的指挥才能十分佩服，知道秦军硬打是打不过公子昂的。商鞅使诈，假意与公子昂叙旧会盟，设伏活捉公子昂，率秦军袭破魏军，魏军再次遭到惨败。

至此，魏国的霸业开始衰落，魏惠王晚年，中原各国上演了一幕又一幕的纵横大戏，演绎了外交艺术，而魏惠王一直是其中的主角。魏惠王在徐州（山东微山东北）尊齐威王为王，齐威王也承认魏惠王的王号，史称"会徐州相王"。这标志着魏国的霸主地位丧失，楚威王对此愤怒不已，"寝不寐，食不饱"，楚威王七年领大军伐齐，赵、燕两国乘机出兵攻齐，这是魏惠王对齐国巧妙的报复。魏惠王改元十六年（公元前319年），魏惠王去世，太子嗣即位，为魏襄王。

魏国经过魏文侯、魏武侯和魏惠王三代百年霸业，形成了独霸中原的局面。这种局面需要强大的武力才能维持。魏国在失去庞涓、太子申、公子昂三位优秀将领和三支最精锐的武卒后，军事实力严重削弱，霸业一蹶不振。军事上受到沉重打击后，占有中原最富庶地区的魏国就成了周边秦、赵、齐、楚、韩等强国竞相攻击的目标，魏国的百年霸业终成一梦，又回到了它奋斗的最初起点。

◎ 魏无忌：侠肝义胆留青史

三千食客不及一侯嬴

信陵君魏无忌，中国战国时代魏国人，是魏昭王的儿子，魏安厘王同父异母的弟弟。

前277年，魏无忌的父亲魏昭王去世，魏无忌的哥哥魏圉继承魏国王位，是为魏安厘王。当时齐国的丞相为孟尝君田文，已在魏国从政十几年，政治实力雄厚，魏安厘王为牵制田文，把其弟魏无忌封于信陵（今河南宁陵县），食邑封土，成为魏国境内的一方诸侯。

信陵君地位显赫，却不以贵胄傲慢待人，他大开侯门，礼贤下士，广泛接交天下英才。信陵君的交游，不问血缘世系，不问财富职位，看重的是个人的能力技艺，上至经邦治国，下至鸡鸣狗盗，都是有认为用的一技之长。风闻传说之下，各国有能的人士，纷纷慕名前往，争投于门下，极盛时期，信陵君门下的食客，号称有三千人之众。所以当时公子威名远扬，各诸侯国十余年不敢出兵伐魏。

《侠客行》
赵客缦胡缨 吴钩霜雪明
银鞍照白马 飒沓如流星
十步杀一人 千里不留行
事了拂衣去 深藏身与名
闲过信陵饮 脱剑膝前横
将炙啖朱亥 持觞劝侯嬴
三杯吐然诺 五岳倒为轻
眼花耳热后 意气素霓生
救赵挥金槌 邯郸先震惊
千秋二壮士 烜赫大梁城
纵死侠骨香 不惭世上英
谁能书阁下 白首太玄经

李白此诗即是盛赞信陵君劫符救赵的壮举：

一次，信陵君正与魏王玩博戏（一种棋类游戏），得到赵兵将入侵而举烽火的警报。魏王立即停博，欲召集大臣商议对策。信陵君拦阻说："赵王不过是狩猎罢了，不是要侵犯魏国。"说完，继续玩博戏。魏王却惊恐不安，已无心再博。不久，又从北方传来消息说，赵王在打猎，不是入侵。魏王大惊，问："你是如何知道的呢？"信陵君说："臣的门客中有安插在赵王身边的暗探，赵王的所作所为，这位门客都会报给臣下，如此而已。"（《史记·魏公子列传》）此后，魏王畏信陵君之贤能，不敢将国事交予信陵君。

前273年,秦昭王派遣白起进攻魏国,客卿孟尝君田文举荐芒卯为主帅,率领魏国军队与秦军交战。白起在华阳大败魏军,斩获魏军十三万人,芒卯战败而逃,举荐人田文因而被魏安厘王免去丞相一职。田文失势后,他的许多门客投奔魏无忌门下,因而魏无忌逐渐在魏国取代了田文的地位。

魏无忌为人仁爱宽厚,礼贤下士,士人因而争相前往归附于他,最高峰时门下曾有三千食客。所以当时的魏无忌威名远扬,各诸侯国连续十多年都不敢动兵侵犯魏国。

在信陵君的一生中,对历史影响最大的事件,就是窃符救赵。公元前260年,秦国武安君白起在长平全歼赵军,40多万兵士被秦国坑杀。前257年,秦军进抵赵都邯郸城下,战至第二年仍不能克,赵国的形势非常危急。当时的赵王是年轻的孝成王,平原君赵胜是孝成王的叔父,赵国的丞相,他的夫人,就是信陵君无忌的姐姐。所以,魏国是平原君夫人的娘家,魏安厘王是她的哥哥,信陵君是她的弟弟。

秦兵围邯郸,为了解救赵国,平原君亲自前往楚国请救,平原君夫人不断遣使前往魏国求援,赵国与魏国,同出于晋,同样面对秦国的侵攻蚕食,是一脉相连,唇亡齿寒的邻国。于是,魏安厘王就派将军晋鄙领兵十万救赵。秦昭王得到消息后,派使者威胁魏安厘王,魏安厘王惧怕,就派人通知晋鄙停止进军,扎营于邯郸南部的邺城,临漳水与秦军对峙,名义上为救赵,实则在观望两端形势的发展。

邯郸被围困已经有八九个月,赵国君臣上下,男女老幼,一体同心抗秦,平原君家的妻妾妇人,人人都在军中什伍之间,为士兵炊事缝补,同仇敌忾,无有贵贱。赵国军民之所以能够殊死撑持,是因为心中有援军到来的希望。魏军停滞不前,平原君不断派遣使者催促,信陵君多次请求魏安厘王,但魏安厘王惧怕强大的秦国,始终不肯听魏无忌的意见。信陵君估计魏王已不肯出兵救赵,悲愤感慨之下,不愿苟且偷生,坐看亲姊无助哭泣,赵国绝援灭亡,他决定以个人的可能之力,领三千门下宾客,发车骑百余乘,誓死奔赴邯郸,与赵国同死共亡。

信陵君是重情义的人,虽然决断仓促,出发之前,他没有忘了去见多年深交的上客,自己视为师友的隐士侯嬴。信陵君见到侯嬴,将赴死秦军的事情缘由详细相告,彼此多年朋友一场,如今离国赴死他乡,特来作最后的诀别。不料侯嬴淡淡无言,末了只有一句话:"公子勉为努力,恕老臣不能陪同从行。"信陵君心中非常不快。

信陵君告别侯嬴,已经走了几里地,始终闷闷不乐,若有所失,他自言自语道:"我礼遇厚待侯嬴,可谓完备无虞,天下贵贱,家喻户晓,如今我赴死在即而侯嬴没有一言半语相送,难道是我有所过失不成?"越想越觉得不安,于是命令掉转车头,再到侯嬴家中。侯笑嬴脸相迎,引信陵君入座说道:"小臣知道公子一定会回来的。"信陵君惊奇不解,侯嬴继续说道:"公子喜士好客,名闻天下,如今赵国有难,牵动魏国,公子不计量,无端引领数千宾客奔赴数十万秦军,如此行事,宛若以肉投掷饿虎,会有什么功用,如何对待得起宾客?公子厚遇小臣,专程前来辞行,小臣失礼不送,知道公子一定会不平归来。"信陵君知道侯嬴对于时局已经有所考虑,再次施礼请教。

侯嬴劝阻魏无忌说,这样去就如同把肥肉扔给饥饿的老虎,一点作用都没有。并向魏无忌秘密献策,让魏无忌去找魏安厘王的宠妃如姬帮忙,让如姬从魏安厘王的卧室内窃出晋鄙的兵符,因为魏无忌曾为如姬报过杀父之仇,如姬肯定是会为魏无忌效命的。魏无忌听从了侯嬴的计策,前去请求如姬帮忙,如姬果然盗出兵符交给了魏无忌。魏无忌拿到了兵符准备上路,侯嬴又让魏无忌把屠夫朱亥带上,以便晋鄙在看到兵符仍不交出兵权的情况下让大力士朱亥击杀他。

战国时代,军权集中在王。国王调兵遣将,用兵符作为凭证。兵符用铜制作,多铸成虎形,逢中左右一分为二,左半符授予领兵出征的大将,右半符留在王的手中。国王调遣命令军队时,书拟王命,同右半符一道交付使者,使者至军中宣读王命,将所持右符与将军所持的左符合符验证生效。侯嬴是通达社会上下的贤达,对于魏国的政情军情,以至王室隐私了如指掌,窃符救赵的办法,他自有精心的策划。信陵君接受了侯嬴的建议,请求如姬盗得魏安厘王的兵符。

魏无忌到了邺,拿出兵符假传魏安厘王的命令要代替晋鄙担任将领。晋鄙合了兵符,验证无误,但还是表示怀疑,不想交出兵权。此时的魏无忌在不得已的情况下,只好让朱亥动手,用铁锥杀死晋鄙,强行夺权。

信陵君夺得兵权,整军宣布王命和晋鄙罪状,下令军中:"父子俱在军中的,父亲归家;兄弟俱在军中的,兄长归家;独子一人的,归家奉养父母。"精选士兵八万开拔前线,誓师进军击秦救赵。

当时,楚国的军队在将军景阳的统领下已经出动,楚国和赵国国土不相连,中间隔着魏国,不得不观望等待魏军的动向。信陵君通告楚军,统领魏军急速渡过漳水,越过赵长城,与楚军合作,进攻围困邯郸的秦军。

魏、楚两国军队先后进抵邯郸城郊,屡败秦军。赵国守军配合城外魏、楚两军出城反击。在三国军队内外夹击之下,秦军大败,损失惨重。秦将王龁率残部逃回汾城(今山西侯马北);另一名秦将郑安平所部2万余人被联军团团包围,只好降赵,邯郸之围遂解。联军乘胜进至河东(今山西西南地区)。秦军复败,退回河西(今山西、陕西间黄河南段)。信陵君指挥魏楚赵联军步步紧追,在汾城再次大败秦军,为魏国收复了河东的部分失地。在魏楚赵联军对秦的乘胜攻击中,韩国也加入合纵的联军阵营,趁机收复被秦所蚕食的领土。秦国不得已,和赵、魏、楚三国签约息兵,把以前占领的河东郡还于魏;太原郡(今太原西南)还于赵;上党郡(今山西长治北)还于韩。

此战是关东诸侯合纵抗秦取得的第一次大胜。秦国初战失利、顿兵坚城时,仍一再增兵继续强攻,置魏、楚援军于不顾,因而导致失败,推迟了灭亡六国的进程。

故国难返

魏无忌知道自己盗取魏安厘王的兵符,假传君令击杀晋鄙,魏安厘王一定会非常恼怒,所以魏无忌让将领们带着魏军返回了魏国,而自己和门客留在了赵国,一直在赵十年。邯郸大捷后,赵孝成王感激魏无忌窃符救赵的义举,与平原君商议,为酬谢救赵的功勋,欲将五座城邑封给公子。公子闻后,露出了矜功骄傲之色。有人劝公子说:"物有不可忘,或有不可不忘。夫人有德于公子,公子不可忘也;公子有德于人,愿公子忘之也。

且矫魏安厘王令，夺晋鄙兵以救赵，于赵则有功矣，于魏则未为忠臣也。公子乃自骄而功之，窃为公子不取也。"意思是说，记住别人对你的恩惠，时刻想着报答；忘记自己对别人的恩惠。一定要谦虚谨慎。而且即使有功于赵，但你魏无忌是有愧于魏国的。（《史记·魏公子列传》）公子闻后，立即自责，好像无地自容的样子。说自己有罪过，对不起魏，无功于赵。赵王与公子饮酒到傍晚，因为公子的谦让，不好意思说出献五城的话。公子留赵后，赵王以鄗（今河北柏乡县北）为公子的"汤沐邑"。后来，魏安厘王也原谅了魏无忌的罪过，仍然让魏无忌享有信陵。

　　古话说，富贵多士，贫贱寡友。魏无忌在赵国广交隐士，连隐于赌徒的毛公，和隐于酒馆里的薛公等地位卑微的有才之人他都会与他们交游，以求取贤士人才。所以天下的很多士人，包括平原君的门客都有很多转归于魏无忌的门下。其中就有后来知名的张耳，他当时是信陵君的一位门客，他的活动，从战国末年一直持续到西汉初年，是一位连接战国和秦汉的历史见证人物。张耳是魏国首都大人，信陵君的事迹，从小就耳闻目睹，心向往之。当时的张耳，还是一名热血少年，景仰慕从，如愿进入信陵君门下作了宾客，攀附龙尾，直接习染了游侠养士的战国时风。信陵君去世后，张耳出门下回归游侠。张耳一身三变，在民间社会的影响愈深，势力愈强，被魏王任命为外黄县令，成为贯通官府和民间，跨越黑白两道的要人。张耳的名声，后来不但超越外黄县及于魏都大梁，进而超越国界，成为各国间声闻遐迩的名士。

　　魏安厘王三十（前247）年，魏国受到秦军的猛烈攻击，陷于危机。魏安厘王甚是忧虑，派使者至赵国请信陵君回去。信陵君怕魏安厘王恨自己，不肯回魏，告诫门下说："有敢给魏安厘王当说客的，死。"于是门客都不敢劝公子归魏。毛公、薛公见信陵君说："公子之所以名声远播，不过因为您背后有魏国撑腰。现在秦国攻打魏国，魏国处境已经非常危险，可公子却一点也不心痛，假如秦国攻破大梁，夷平了先王的宗庙，公子您还有何面目立于天下呢？"话未说完，信陵君脸色骤变，当即催促驾车回魏国。

　　信陵君回到大梁，魏安厘王见公子，相拥而泣，信陵君接受魏王的任命出任上将军，魏无忌派使者向各诸侯国求援，各国得知魏无忌担任了上

第五章 魏氏：最后的姬姓强宗

将军，都纷纷派兵救魏，组成魏、楚、赵、韩、燕五国联军合纵攻秦，在黄河以南大败秦军，使秦国将领蒙骜战败而逃，魏无忌率领五个诸侯国的联军乘胜攻至函谷关，秦军紧闭关门，不敢再出关，相持逾月，联军撤回。魏安釐王为表彰信陵君败秦收复关东失地的功劳，拜为上相，封邑五城。

这次合纵攻秦的胜利，使信陵君再一次名扬天下，宾客盈门。各诸侯的宾客都向他进献兵法，魏无忌编写成书，后世称为《魏公子兵法》。

秦昭王深以信陵君为患，为离间信陵君与魏安釐王的关系，派人持金万斤到魏国行贿，找到晋鄙的门客，叫他们诋毁信陵君说："魏无忌逃离故国有十年了，现在回来做魏国的统帅，诸侯都服从他的命令，只知道魏无忌，不知道魏安釐王，您不得不防魏无忌有篡位之心哪"秦昭王又几次派人假意祝贺信陵君，问他是否已经做了魏王。魏王见此，不能不信，果然派人代信陵君为将。魏无忌知道自己被谣言诋毁，便推托有病不再上朝了。

信陵君从此在家中与宾客夜夜豪饮，常跟女人厮混，如此四年，终于因饮酒过多，于公元前243年患病而死。同年魏安釐王亦死。秦国得到这些消息，就派蒙骜进攻魏国，攻占了二十座城池，开始设立东郡。从此以后，秦国渐渐蚕食魏国，终于在信陵君死后第十八年俘虏了魏王假，屠魏国都城大梁。

后世遗踪

郡望在矩鹿郡，今河北平乡县。秦军水淹魏国都城大梁，魏国末代君主魏假最终投降，魏国灭亡。魏国子民为纪念故国，就以国为姓氏，除王族外，又形成了一批魏姓人。魏姓名人，较早见于史书的当数战国时魏公子魏无忌，号信陵君，"战国四公子"之一，史书称赞他"仁而下士"，有食客三千。他曾设计窃得兵符，夺取兵权，救赵胜秦。唐朝大臣魏征，是历史上赫赫有名的名臣，他曾任唐太宗的谏议大夫，直率敢谏，很受太宗重用,提出了诸如"薄赋敛,轻租税""居安思危,戒奢以俭"等合理意见。此外,魏姓名人还有不少。如,魏相是西汉名臣,魏伯阳是东汉炼丹术家,魏延是三国名将,魏野是北宋诗人,魏胜是南宋名将,魏良辅是明代戏曲音乐家,魏禧是清代散文家,魏源是清末著名的思想家、史学家和文学家。当然,其中也有名声不太好的明代"名人"——宦官魏忠贤。魏姓是一个人口较多的姓氏,在当今中国百家姓中排名第四十七位。

第六章　燕国姬氏恩仇录

　　燕国为先秦姬姓诸侯国，战国七雄之一。又称北燕。三千多年以前，周天子大封诸侯，把有功于周室的大臣召公奭封于燕，召公留辅王室，而令其子就封，成为第一代燕侯。西周时期的燕国，共有11代燕侯。春秋战国时期，燕国在诸侯列国中的国力是最弱的，并且经常受到北方山戎的侵扰。燕桓侯曾一度把都城南迁到临易（今河北雄县西北，或疑为今易县）。公元前664年，山戎侵燕，齐桓公出兵相救，此后（或更早），燕的都城又北迁到蓟。燕与齐、赵、中山相邻，四国经常发生冲突，到战国中晚期，争战愈演愈烈。

代表人物：　燕昭王（姬职）　燕太子丹
对政局影响：燕昭王以虚弱的国力，一举打败强大的齐国，改变了历史的进程。
溯本追源：周朝宗室
后世遗踪：燕太子丹派荆轲入秦刺杀秦王失败后，招致了秦国的疯狂报复。公元前222年，秦将王贲攻取辽东，俘虏燕王喜，燕国灭亡。

第六章 燕国姬氏恩仇录

◎ 燕昭王：千金市马骨

蓟

公元前1045年,周武王灭商后将燕地封于宗室召公奭(音"是",shì)。在今北京及河北中、北部(周武王之灭纣,封召公于北燕),都城在"蓟"(位于今北京房山区琉璃河),该地区原来土著民实为东胡民族。

由于召公长期留在西周王朝辅佐王室,召公长子克到燕地就封。克是事实上第一代燕侯。燕侯管辖六个部族,在燕地建立统治机构,西周燕国建立。近年考古发现,西周燕国都城建立在北京房山区琉璃河镇东的董家林村。这是北京地区迄今发现的最早的古城址,距今已有三千多年历史。

召公

召公姬奭(前十一世纪 又作"邵公""召康公""太保召公"。姓姬名奭(音"是"shì),周文王的儿子,武王的弟弟。因其采邑在召(今陕西山西南),曾辅助周武王灭商,被封于燕(今河南北部),是后来燕国的始祖因最初采邑在召(今陕西岐山西南),故称召公或召伯。周成王时,他出任太保,与周公旦分陕而治,陕以东的地方归周公旦管理,陕以西的地方归他管理。他支持周公旦摄政当国,支持周公平定叛乱。他还辅佐了周厉王。

春秋战国,大国争霸,许多小国被吞并。战国时,出现齐、楚、燕、韩、赵、魏、秦七个诸侯国并立的局面,即所谓战国"七雄"。燕国是最北的一个诸侯国,它东临朝鲜、辽东,南与齐国交界,西与赵国为邻,北与戎狄杂处,即今日的河北省北部,山西省东北部以及辽宁、内蒙古部分地区。此时，燕国的都城除蓟之外，还有"中都"和"下都"。燕中都在北京房山区窦店以西，为汉代良乡县城。燕下都位于河北省易县东南。另外，秦朝以前的匽、燕、晏三国，指的都是燕国。

燕国建国以后与中原各地来往甚少，文化较中原落后，在春秋初年的外族入侵中更是险些亡国，凭借齐国"尊王攘夷"的军事帮助才得以保全，并进而在日后有了发展，曾在公元前323年，与韩、魏、赵、中山"五国相王"。

尊王攘夷

尊王攘夷，尊，尊崇；攘，排斥、抵御。这则典故的原意是尊奉周王为中原之主，抵御北方游牧民族。后来成为面对外族入侵时，结成民族统一战线的同义词。齐桓公执政以来，在管仲的辅佐下，经过了内政经济军事多方面改革，有了雄厚的物质基础和军事实力，适时打出了"尊王攘夷"的旗帜，以诸侯长的身份，挟天子以伐不服。

后来传到燕王哙（音 kuài）手里，竟学起传说中尧舜让位的办法来，把王位让给了相国子之。太子平不服，和燕国将军市一起进攻子之，失败被杀，燕国发生大乱。孟轲对齐王说："现在去讨伐燕国，这正是周文王、武王伐纣那样的好时机，千万不能失掉啊。"于是齐国趁机伐燕，燕国大败，几乎被灭，燕王哙和子之被杀。齐国退兵后，燕人拥立在韩为人质的公子职，是为燕昭王，后来燕国军民奋起反抗，把齐国军队赶了出去。

黄金台

燕昭王是燕王哙之子，太子平之弟，燕国第三十九任君主，蓟丘人。有关专家考证，战国时的蓟丘在今北京石景山地区。

齐军于公元前312年撤兵退走一年后，燕昭王登上燕国王位，国内一派凄凉景象：田地荒芜，房屋倒坍，百姓在废墟上啼饥号寒。燕昭王常"矜戟砥剑，登丘东向而叹。"立下报齐雪耻的大志。他下决心物色治国

第六章 燕国姬氏恩仇录

的人才,可是没找到合适的人。有人提醒他,老臣郭隗(音 wěi)挺有见识,不如去找他商量一下。燕昭王亲自登门拜访郭隗,对郭隗说:"齐国趁我们国家内乱侵略我们,这个耻辱我是忘不了的。但是现在燕国国力弱小,还不能报这个仇,要需有个贤人来帮助我报仇雪耻。您能不能推荐这样的人才呢?"

郭隗沉思了一下说:"要推荐现成的人才,我也说不上,请允许我先说个故事吧。"接着,他就说了这样一个故事:古时有个国君,打算用千斤去求千里马,但3年也没买到一匹。一名内侍自荐为国君去购买千里马。3个月以后,辗转打听到千里马的消息,可惜赶到时,那匹马却死了。内侍就用500金把死马的骨头买了回来。国君大怒,说:"我要得是活千里马,谁让你用500金卖了个死马骨头?"内侍从容答道:"死马骨头还花了500金,何况活马呢?天下知道这消息,就会把骏马送上门来的。"果然,不到一年,千里马就送来了3匹。郭隗说完这个故事,说:"大王一定要征求贤才,就不妨把我当马骨来试一试吧。"

燕昭王听了大受启发,于是按照郭隗的主意,盖了一座金碧辉煌的宫殿。选择了一个吉祥的日子,举行隆重的仪式,恭恭敬敬地把郭隗请到新宫殿里去住。燕昭王每天都要像学生请教老师那样前去探望。燕昭王还在沂水之滨,修筑了一座高台,用以招徕天下贤士。台上放置了几千两黄金,作为赠送给贤士的进见礼。这座高台便是著名的"黄金台"。

听说燕昭王即位后礼贤下士,筑黄金台,各国士人因此"争趋燕"。武将剧辛从赵国来,谋士邹衍从齐国来,屈庸从卫国来,乐毅从魏国来。邹衍是阴阳五行家,当时已名闻天下,他在齐国时就受到尊重;周游魏国时,魏惠王亲自跑到郊外去迎接;到赵国时,平原君侧着身子走路来迎接他,并用衣袖替他拂去坐席上的灰尘,毕恭毕敬;燕昭王迎接邹衍时,比魏赵更为恭谨,他亲自用衣袖裹着扫把,退着身子边走边扫,在前面清洁道路,入座时燕昭王主动坐在弟子座上,敬请邹衍以师长身份给自己授业,燕昭王特意为邹衍修建了一座碣石宫,供其居住讲学。后人因此便用"拥彗先驱"和"碣石宫"这两个词语来比喻用优厚待遇尊礼贤才。燕昭王的这些做法应起了很大的反响,投奔燕国的士人更为踊跃。燕昭王大开国门,不拘一格地广为接纳。不仅燕欢迎知名学者,而且把那些有志灭亡齐国的,熟悉齐国险阻要塞和君臣关系的、善于用兵打仗的士人,尽数收留下来,并给予优厚的待遇,多方积蓄力量,以利兴燕破齐。

唐代诗人陈子昂有诗:"南登碣石馆,遥望黄金台,丘陵尽乔木,昭王安在哉!"即是形容燕昭王以重金聘用了苏秦。《战国策》里也记载他千金市马的故事,一时燕国成为"人才高地"。

剧辛

战国时燕将。原居于赵,与庞暖友善。闻燕昭王下诏求贤,乃由赵赴燕。燕王喜十二年(前243年),见赵屡困于秦,又逼走廉颇,以庞暖代将,以为有机可乘,命他伺机袭赵。他轻敌冒进,被击败俘杀,损兵两万。

乐毅

聚集于燕国的众多士人之中,最出名的是赵国人乐毅。乐毅是名将乐羊之后,才学出众,深通兵法,曾被荐为赵国官吏,为了躲避赵国内乱,便到了魏国。他听说燕昭王礼贤下士,随生向往之心。正巧一次乐毅为魏出使燕国,燕昭王十分恭敬地客礼相待,乐毅颇受感动,决意留在燕国,燕昭王拜乐毅为亚卿,委以国政和兵权。

乐毅倾全力协助燕昭王改革内政、整顿军队。首先,针对燕国法度败坏、官吏营私的严重局面,乐毅教燕昭王制定法律,严厉法制加强对官吏的审查和考核;其次,确定察能而授官的用人原则,摈弃"亲亲""贵贵"的择人传统,廓清过去拉帮结党、滥用亲信的风气,使燕国的吏治日趋清明;再次,建议燕昭王对那些遵守国家法度的顺民,包括身份低下的贫民和一部分奴隶,都以一定制度予以奖励,以安定社会秩序。在军事上,乐毅着重进行战法和纪律训练,尽快提高燕军的战斗力。燕昭王还注意吊死问孤,去慰抚那些有丧葬之忧的人家;对那些有生育之喜的夫妇,燕昭王也派人去祝贺,给予关怀。燕昭王与庶民百姓同甘苦,共命运，争取全国各阶层对自己统治的拥护。

燕昭王外交上主要是依靠苏秦。苏秦离间齐、赵的关系，鼓动齐国伐秦灭宋、多建宫室园囿，以削弱齐国实力，多次向齐王讲述燕国对齐国的忠诚恭顺，劝齐王不要听信"恶燕者"（诋毁燕国的人）的坏话，还信誓旦旦的保证燕国不会攻齐。燕破齐的前夕，苏秦几次统帅齐军与燕军交战，每战必败，使燕国的实力士气不断增强，以至他自己的处境极为艰难。随后五国联军伐齐，使苏秦彻底暴露了间谍身份，齐王因而将他车裂。可以说，苏秦誓死忠于燕昭王，也是燕国振兴的一大功臣。

苏秦

苏秦字季子，东周洛阳（今河南省洛阳市）乘轩里人，战国时期著名纵横家。苏秦的准确生年，今已不可考。《史记·燕世家》载："（文公）二十八年（前334），苏秦始来见。"《帛书》中的记载与这一记述有出入，《帛书二十二》说："齐宋攻魏，楚围翁（雍）是（氏），秦败屈丐。"又说"今者秦立于门"，显然为苏秦初出茅庐，游说陈轸的谈话。按"秦败屈丐"在前312年，假设青年苏秦首次出现在政治舞台上是20岁左右，则推算他大概生于前332年前后。《史记》有《苏秦列传》记载其约死于公元前321年，长沙马王堆汉墓出土的帛书本《纵横家书》，其中有十一篇苏秦上燕王或赵王书，不见于《战国策》《史记》等传世古籍，记载其死于公元前284年。经过不少学者的考订，明确了苏秦应在燕昭王、齐宣王、齐湣王之世活跃于六国间，与其同时的著名人物有孟尝君、李兑、周最等。确定他应该死于公元前284年。

五国伐齐

燕昭王在乐毅、苏秦等人的辅助下，经过二十八年励精图治，燕国果然一天天强大起来，原本弱小的燕国成为一时之强，积累了相当实力，而且培养了奋发图强的民风。燕国上下同仇敌忾，举兵伐齐的条件一天天趋于成熟。

正当燕昭王励精图治,燕国国势蒸蒸日上之时,燕国的世仇齐国已达到了强盛的顶点。然而,齐国国君对内不恤民力,横加赋敛;对外不断用兵,惹得诸侯不满。

这时候,燕昭王看到齐湣王骄横自大,不得人心,就对乐毅说:"现在齐王无道,正是我们雪耻的时候,我打算发动全国人马去打齐国,你看怎么样?"乐毅说:"齐国毕竟是东方大国,单靠燕国的力量是无法与之抗衡的。大王要攻打齐国,一定要与天下共图之。"

乐毅的战略得到了燕昭王的赞同,燕昭王与乐毅、邹衍仔细分析了形势,清醒地认识到,当时齐、秦、赵三强都在千方百计扩张自己的势力范围。宋国的定陶是中原地区最繁荣的商业大都市,齐、秦、赵三国均想染指。一旦齐国灭掉宋国,就必然会加剧齐与秦、赵的矛盾,同时也会对韩、魏、楚诸国形成严重的威胁,引起这几国的不安。燕昭王便定下诱齐灭宋、孤立齐国的方略。燕国表面上臣服于齐,使其对之放松戒备。其间两次派苏秦出使齐国,进行离间,唆使齐王轻率地决定西向攻秦,南向灭宋,燕昭王则趁此良机,遣使与魏、楚联系,并派乐毅赴赵,促使劝说秦国伐齐。秦国本与齐国相约东、西称王,共分天下;岂料齐湣王毁约攻秦、灭宋,势力侵入中原地区。为了出这口恶气,秦王欣然应允伐齐。这样,就形成了各国从北、西、南三面对齐的包围之势。

乐毅就到赵国跟赵惠文王接上了头,另派人跟韩、魏两国取得联络,还叫赵国去联络秦国。这些国家有弱齐之心,都愿意跟燕国一起发兵。

周赧王三十一年(公元前284年),燕昭王任命乐毅为上将军,统率五国兵马,出征齐国。此时,楚军已驻军于淮南,准备夺取齐国淮北之地;秦与赵、韩、魏也各派一名大将军率军向齐国进发。齐湣王开始并未料到燕国会联合诸国攻齐,及至发觉燕军已攻入齐国时,才仓促应战。齐湣王尽起全国之兵,度过济水,西进拒敌。齐军因连年征战,士气低落,加之其对作战不利的士兵以挖祖坟、斩首级等残忍手段相威胁,更齐兵寒心。联军发起进攻,齐军一触即溃,连连败北。齐军主力被歼后,齐湣王率残部狼狈逃窜,退回国都临淄。燕昭王闻讯十分高兴,亲自到济水边劳军,论功行赏,封乐毅为昌国君。

赵、韩、秦、魏的将士打了胜仗,各自占领了齐国的几座城,不想再打下去了。只有乐毅志在灭齐,厚赏秦、韩两国军队后遣其归国;然后命赵军进攻河间,命魏军转向东南收取昔日宋国之地;自率燕军直捣齐都。燕军长驱直入,势如破竹,一气攻占了临淄。齐湣王被迫出逃,后被楚将淖齿所杀。

乐毅在占领临淄后采取了一系列巩固和扩大战果的措施。为了安抚齐民,乐毅在报请燕昭王同意后,着力整饬军纪,严禁燕军掳掠百姓。针对齐湣王的暴戾,乐毅宣布宽减齐民的赋税,废除苛法,恢复齐威王时代的一些合理法令。在临淄郊外隆重祭祀齐桓公和管仲,把100多个燕国的爵位赏赐给归顺的齐人,又在齐国分封了20多个享有燕国封邑的封君,笼络了齐国的统治阶级,基本稳定了对齐国的占领,齐国上下都愿归顺燕国。在军事上,乐毅分兵5路继续攻占全国各地。于是,燕军仅用了半年时间,就接连攻夺齐国70余城,均辟为郡县,仅剩下莒和即墨(今山东平度南)两城未被攻下。

乐毅树

战国时期,燕大将乐毅伐齐,兵囤乐陵境内,发现此地的枣与众不同,特别甜脆爽口,想是水土之故,便命士兵从燕国移来千余棵枣树,栽种于此。历经战乱洗劫,所存无几,唯此树仍枝繁叶茂,据传,它正是当年大将军乐毅所栽,故称此树为"乐毅树"。

乐毅之所以能充分发挥其杰出的政治军事才能,是与燕昭王对他的绝对信任、坚定支持分不开的。当乐毅在齐国攻城略地时,燕昭王不加丝毫干预,让乐毅放手大干。当乐毅久克莒和即墨两城不下,太子进谗,说大将乐毅费了三年工夫还打不下齐国的莒城和即墨两个地方,是乐毅阴谋以恩德感化两地的齐国百姓,等齐民真归顺了,乐毅便可当上齐王。燕昭王听完,却下令把太子打了二十大板,还指着太子大骂他是个忘恩负义的畜生,说:"先王的仇是谁给我们报的?乐毅的功劳之大,咱们把他当作恩人还不够尊敬,你们还要说他的坏话!就是他真做了齐王,也是应该的。"

燕昭王责打了太子后，立即派使者拿节杖去见乐毅，立乐毅为齐王。乐毅十分感动，对天起誓，情愿死也不接受封王的命令。燕昭王用贤不疑，换得部下赤诚相报。此后，乐毅更加尽心尽力地为燕国效劳。

在伐齐战争取得决定胜利的同时，燕昭王派燕将秦开袭破东胡，迫使东胡从燕国东北部后退千余里，燕国领土向东北扩展到辽东一带。燕还向南进军，攻占了中山国许多地方。公元前279年，燕昭王姬职因病去世，在他去世之前终于使燕国跻身于列强之列。燕昭王复兴燕国把握了罗致人才这个关键因素，屈身礼士，用人不疑，终于使多年来孜孜以求的报仇雪耻愿望得以实现。

◎ 太子丹：萧萧易水寒

国难与旧情

太子丹，战国末年燕王喜的太子，本姓姬，名丹，幼时与秦王嬴政一起在赵国同为人质，关系非常不错。可嬴政当了秦王后，太子丹又到秦国做人质，秦王（或嬴政）并没有顾念旧情，太子丹经常被秦王（或嬴政）臣侮辱，还唆使赵国攻打燕国，太子丹心急如焚，于是逃回燕国。

嬴政发现太子丹逃走后，因为燕国弱小，在秦国灭国战略上排于后列，所以未尝重视。而太子丹却不能忘怀，嬴政无情无义的冷遇，加上秦国咄咄逼人的攻势，国恨与私仇纠葛在一起，化为对嬴政刻骨的仇恨，这种情绪决定他以后的作为都集中在嬴政一个人的身上，而不是采取发展生产、操练军队、联合其他国家抗秦等理智的措施。

秦国的将军樊於期因为反叛罪也逃到燕国，躲藏在深山中，这时候得知太子丹善待宾客，也就出山来投奔他了。太子丹把他奉为上宾，在易水的东边，建了一座城给他居住，名叫樊馆。

第六章　燕国姬氏恩仇录

樊於期

战国末年人，本为秦将，逃于燕国。秦王嬴政曾以"购之金千斤，邑万家"。燕太子丹派荆轲谋刺秦王时，荆轲谋求以其头和督亢地图作为进献秦王的礼物，以便行刺。他听说以后，立即自杀，以助成功。

公元前230年，秦国灭了韩国。前228年，秦国占领了赵国都城邯郸，逼近燕国。太子丹见秦军已逼近易水，唯恐灾祸来临，加上在秦国所受的屈辱，心里十分怨恨，于是对他的老师鞠（jū）武说："燕秦势不两立，希望太傅帮忙想想办法才好。"鞠武回答说："秦国的势力遍布天下，地盘广大，如果它们再用武力胁迫韩赵魏，那么易水以北的燕国局势还不一定啊。何必因在秦遭受凌辱的怨恨，就去触犯秦国呢？应该着力联合各国，抵抗强秦。"太子说："师傅所讲的方法，实行起来旷日持久。我要报仇的心像火烧的一样，一刻也不能多等。"鞠武说："请让我好好考虑考虑。"于是鞠武就推荐了智谋深沉并且性格勇毅的田光，田光还有一个长处，就是善于识别人的不同性情。

田光被鞠武请到了太子丹的宫中，受到了太子丹的热情接待并给予很高的礼遇。太子丹屏退左右，向田光恭敬地请教说："现在的形势是，燕国和秦国势不两立，听说先生智勇双全，能出奇策救快要灭亡的燕国吗？"田光回答说："俗话说'骐骥盛壮之时，一日而驰千里，及其衰老，驽马先之。'鞠武只知道我盛壮时候的情况，而不知道我现在已经衰老了。"太子丹于是就把自己的宾客夏扶、宋意、秦舞阳都召到面前，请田光看看哪个能成大事。田光一一相了面，又问了一下他们的情况，然后对太子丹说："我看太子的这些宾客，都不能成大事。夏扶是血勇之人，一发怒脸就红；宋意是脉勇之人，一发怒脸就青；秦舞阳是骨勇之人，一发怒脸就白。怒气在脸上，使人一眼便看得出来，怎么能够成大事？"于是就推荐了一个人，名叫荆轲，认为他是神勇之人，喜怒不形于颜色，可能要超过以上三个人。

荆轲

　　荆轲人称庆卿，据说本是齐国庆氏的后裔，后迁居卫国，始改姓荆。他曾向卫元君游说，不为所用。秦王政六年（前241），秦取卫濮阳（今河南濮阳西南），作为秦东郡的治所，将卫元君迁至野王（今河南泌阳），成为秦的附庸。荆轲于是到四方游历，举家先后投靠过吴国、魏国、最后落户到燕国，改姓荆。结识了许多豪杰志士。在榆次，他与盖聂讨论剑法，话不投机，盖聂怒目而视，他就扬长而去。在邯郸，他与鲁句践弈棋赌博，争棋路，鲁句践对他加以呵斥，他仍是不予计较，悄然离去。随后，荆轲来到燕国，与当地的狗屠夫和擅长击筑的高渐离交上了朋友。荆轲喜好喝酒，整天与狗屠夫、高渐离一起在街市喝酒，然后，高渐离击筑，他和着乐声唱歌，唱着唱着就哭起来了。

高渐离

　　战国末燕乐人。善击筑（乐器名），与荆轲为至交。荆轲入秦谋刺，他送行至易水。他击筑，荆轲和歌，慷慨悲壮。秦统一六国后，他隐名埋姓给人做酒保。秦始皇闻其善击筑，召他入宫，熏瞎其双目，仍令击筑。他于筑中暗藏铅丸，扑击秦始皇，不中被杀。

　　田光极力推崇荆轲思想感情深沉有谋略，认为远远超过自己，因为田光曾经常常给荆轲喝酒钱，所以他还是很听田光的话。太子丹一听，就请田光坐上自己的乘车把荆轲邀请来，并亲自送田光出门，让内侍给他驾车。田光临上车时，太子丹嘱咐他说："刚才我所讲的，都是国家的大事，希望先生不要泄露给其他人。"

　　这里，荆轲正和高渐离在街上喝得半醉，高渐离在给筑调音，田光循着声音找过去，把荆轲邀至自己家中，告诉他施展才能的机会到了，接着又详细叙述了太子丹折节下士，把燕国的大事托付给自己，但太子丹不知道自己已经衰老。自己深知荆轲的才能，于是就推荐他代替自己，希望荆轲马上就到太子的宫中去。荆轲表示遵命。最后，田光为了激发

第六章 燕国姬氏恩仇录

荆轲的志气,就抚摸着宝剑感叹说:"我听说过这样一句话'长者做事情,不应该使人感到怀疑。'现在太子把国家大事告诉我田光,而又嘱咐我不要泄露给其他人,这是怀疑我田光。田光为什么既要成就别人的事情,而又受别人的怀疑呢!我就要用死来表白自己,希望您赶快到太子那里去吧。"说完,就拔出宝剑自刎而死。

荆轲正在为田光的死而悲泣,太子丹派使者来问道:"荆先生来了吗?"荆轲知道是太子诚意相请,于是就坐上了田光来时所乘的车,到了太子的宫中。太子丹接待荆轲,和接待田光时的礼遇一样。太子丹得知田光为自己已自刎身亡,痛哭了一场,然后,他把荆轲请到上座,再次致礼,接着向荆轲分析了天下形势,说秦国有虎狼之心,贪得无厌。秦强燕弱,又不能和秦国硬拼,自己的具体计划是:"诚心收罗天下的勇士,假充使者出使秦国,诱以重利,使生性贪婪的秦王近身前来,找机会劫持他,让他把侵占各诸侯国的土地都退回来。如果他不顺从,就把他刺杀了。那么他的那些握有重兵的大将,互不相让,国君死亡,国家动乱,上下猜疑,我们就可以联合其他诸侯国,一道去攻破秦国。"太子丹希望荆轲能给自己帮忙。荆轲沉思了很久,说:"这是国家大事,臣下笨拙,恐怕难以胜任。"荆轲虽然再三谦虚,但耐不住太子丹的再三请求,最后答应了太子丹。

太子丹把荆轲尊为上卿,在樊馆的右边,又建了一座城,名叫荆馆,把它奉送给荆轲。太子丹每天都登门向荆轲问安,供给他猪牛羊肉等。不时他还送给他一些车马美女,让他随心所欲,尽管如此,还担心他有什么不满意的地方。

一天,荆轲和太子丹游览东宫,观看池水,这时有只大乌龟爬在水池旁,荆轲不经意地从地上拾起瓦片投向那乌龟,这时太子丹捧来了金瓦给荆轲用来替换那个瓦片。又有一天,两人试马,太子丹有匹马可以日行千里,荆轲又是不经意地说马肝的味道很美,过了不大一会儿,厨子就把马肝献了上来,所杀的马就是那匹千里马。太子丹在闲谈中说道秦将军樊於期因为得罪了秦王,眼下正在燕国,荆轲希望和他见上一面。太子丹就在华阳台备下酒筵,请荆轲和樊於期两人相会,把自己所喜爱的美女召来敬酒,又叫美女弹琴,以使客人尽兴。荆轲看这位美女的两只手像玉一样好看，禁不住赞叹说："这双手真美啊！"散席之后，太子丹派内侍用玉盘送个东西给荆轲，荆轲揭开一看，原来竟是那位美人的一双断手！这是太子丹向荆轲表白，对于荆轲他是没有什么值得吝啬的。荆轲感叹说："太子对我厚爱，竟到了这种地步，我只有用死来报答他了！"

在剑术上，很少有人能被荆轲瞧得起，他唯一从心里佩服的是一位叫盖聂的榆次人，自己觉得剑术赶不上他。眼下，荆轲身受燕太子丹的大恩大德，就想西去秦国劫持秦王，他派人去访求盖聂，想邀请他到燕国来，和他商议这件事。只因盖聂行踪不定，一时间难以找到。太子丹深知荆轲是位豪杰，早晚不停地侍奉他，并不催促他起程。这时边境上有人来报信，说秦王已经派兵向北方侵伐，到了燕国的南部边界。太子丹听后大为恐惧，就对荆轲说："秦兵早晚就要渡过易水，到那时先生就是想给燕国帮忙，恐怕也来不及了。"荆轲说："我已经考虑成熟了，但是这一次去如果没有带上能取信于秦王的东西，恐怕也难以接近他。樊於期将军得罪于秦国，秦王为能得到他的头，出赏黄金一千斤、封邑一万家。而督亢这块土地十分肥沃，秦国人很想得到它。如果能用樊将军的脑袋，再加上督亢的地图，奉献给秦王，他一定很高兴，就会接见臣，臣就会找机会报效太子。"太子丹说："樊将军是穷困的时候来投奔我，我怎么忍心杀了他？至于督亢地图，我是不会舍不得的。"

荆轲怕太子丹不忍心下手，就私下里去拜会樊於期，告诉他说："将军的父母家族，都被秦王所杀，现在又用重金来购求将军的脑袋，将军要用什么方法去报仇雪恨？"樊於期仰天长叹，流着泪说："我一想起秦王就恨之骨髓！真想和他一起去死，只可惜找不到地方啊。"荆轲说："我有一句话，既可以消解燕国的忧患，又可以为将军报仇，不知将军是否肯听？"樊於期急忙问："什么办法？"荆轲犹豫了半天，不愿说出口，樊於期催问半天，荆轲只好说："办法倒是有，只是难于说出口。"最后，经不住再三催问，荆轲只好把计划说了出来，希望用樊於期的脑袋来取信于秦王。樊於期听完，就脱去上衣的一只胳膊，挥着手臂，跺着脚，大声叫道："我日夜切齿痛心只可惜找不到报仇的办法，今天终于听到了您的明确指教。"说完，就拔出佩剑割断自己的喉咙，结果喉咙虽然割断

第六章　燕国姬氏恩仇录

了，但整个脖子还没断，荆轲就用剑把他的脖子割了下来。

太子丹得知这一消息后，急忙赶来，伏在樊於期的尸体上大哭，命令下属对他的尸体实行厚葬，然后把他的脑袋装在木盒子中。荆轲问太子丹，找到了锋利的匕首没有？太子丹说："得到了一把赵国徐夫人的匕首，长有一尺八寸，十分锋利，是我用一百镒黄金买来的，让人染上了毒药，曾经用它在人身上做过实验，如果把人刺破一点点皮，人马上就死。都准备好了要给你呢，不知先生想哪一天动身？"荆轲告诉他说想等好友盖聂来，请他当自己的帮手。太子丹认为，这类朋友，行踪不定，于是就向他推荐自己门下的勇士秦舞阳随行。荆轲看太子的心情十分急迫，就叹了一口气说："现在带着匕首到秦国去，这一去是不会回来的了。我之所以迟迟没有动身，是在等我的那位朋友，图个万无一失的方法。太子既然已经等不及了，就请让我出发吧。"于是太子丹起草了一封国书，只说是为了献上督亢的土地和樊将军的脑袋，把这些东西都交给了荆轲。用千金为荆轲打点行装，让秦舞阳为副使，和他一道出发。

刺秦

荆轲临出发的那一天，太子丹与一些和荆轲交往的好朋友及知道这件事情的人，到易水边上，摆上酒筵为他送行。大家都穿着白色的衣裳，戴着素色的冠。高渐离听说荆轲要到秦国去，也带着很多好酒好肉来了，荆轲介绍他和太子丹相见，太子丹让他也到酒席上同坐。酒过数巡，高渐离敲起了筑，荆轲和着节拍唱了起来，唱得是苍凉悲壮的声调，歌词是这样的：风萧萧兮易水寒，壮士一去兮不复还！

由于声调很悲惨，引得在座的宾客和随行人员都唏嘘流泪，大家都像是办丧事一样。荆轲仰着脸向上哈出一口气，这口气直冲云霄，化成了一道白色的虹，贯于日中，看到的人都感到很惊异。接着，荆轲又无限慷慨地唱道：探虎穴兮入蛟宫，仰天嘘气兮成白虹！

由于声调激烈雄壮，在座的人都睁大了眼睛，斗志昂扬，一副面对敌人的样子。于是，太子丹又再一次地捧着酒，跪着敬给了荆轲。荆轲把酒一饮而尽，然后牵着秦舞阳的胳膊，跳上了车，加鞭飞奔而去，头也不回地走了。太子丹登上高坡目送他们远去，一直到看不见为止，凄凄然若有所失的样子，带着满脸的泪水回到宫中。

这边，荆轲到了秦国都城咸阳以后，用千金贿赂秦王的宠臣蒙嘉，求他向秦王通报一下，蒙嘉到宫中向秦王启奏说："燕国国王害怕大王的天威，愿意俯首称臣，现在要献上督亢的地图和樊於期的头。使者荆轲正在驿馆听候圣旨。"秦王听说樊於期已经被诛杀，十分高兴，于是就穿上朝服，备下隆重的礼仪，诏来使到咸阳宫相见。

荆轲把匕首藏在袖子中，捧着装有樊於期脑袋的木盒子，秦舞阳捧着装有督亢地图的匣子，两人一道往前走。就在快要登上台阶时，秦舞阳的脸色开始变得煞白，死人脸一样，似乎还有几分害怕的样子。秦国的侍臣问道："使者的脸色为什么变了？"荆轲回头看了看秦舞阳笑了一下，走上前去向秦王叩首表示歉意地说："一介秦舞阳，原来是北边蛮夷中的草民，长这么大没有见过国王，所以不由得有点紧张，和平常不一样。希望大王能宽恕他的罪过，让他上前把图献上。"秦王传下圣旨，只允许正使一个上殿，于是左右侍卫把秦舞阳呵下了台阶。秦王让取出木盒子来查验，一看果然是樊於期的脑袋，就问荆轲说："为什么不早点把逆臣杀了献来？"荆轲回答说："樊於期逃窜到北方沙漠地带，是我国君王悬赏千金才购求到的，本来想活着送给大王的，但又担心有变，所以只有把他斩首，希望以此能稍微平复一下大王的怒气。"

秦舞阳

秦舞阳（前240年—前227年），燕国贤将秦开之孙。十三岁时犯下杀人案，燕太子丹找到了他，后随荆轲赴咸阳刺秦王，"至陛，秦舞阳色变振恐，群臣怪之"，荆轲连忙解释，"北蕃蛮夷之鄙人，未尝见天子，故振慴。"后来事败，荆轲被杀，司马迁在《史记》中，并没有交待秦舞阳的下场。

由于荆轲的言辞显得从容不迫，颜色也显得很温和，秦王对他的话深信不疑。这时秦舞阳正捧着地图匣子，低头跪在台阶下。秦王对荆轲说："把秦舞阳捧着的地图拿来，给我看一看。"荆轲从秦舞阳手中取过地图，亲自呈上。秦王打开了地图，正要观看。这时荆轲的匕首从袖子

第六章 燕国姬氏恩仇录

中露了出来,一时难以掩藏,当下动作就显得有些忙乱。只见荆轲左手抓住秦王的一支袖子,右手握着匕首就要刺向秦王的胸部,还没来得及刺上去,秦王大吃一惊,猛地一下站起身来,把袖子挣断了。因为当时是五月初的天气,穿的是一种绉纱单衣,所以很容易断裂。此外,秦王的座位旁还设有屏风,有八尺长,秦王绕过屏风的时候,把屏风也绊倒了。荆轲拿着匕首在后面紧追不舍。秦王一时难以脱身,就绕着宫殿的大柱子而走。原来根据秦国的法令,大殿上的群臣,不许携带任何兵器,宫殿侍卫官带兵器的,也只能站立在殿下,不是奉诏命,是不能擅自入殿的。眼下事起仓促,秦王也来不及传唤他们了。大臣们都空着手来和荆轲搏斗。荆轲十分英勇,靠近的人都被他刺倒在地。有个御医,也用药囊来攻击荆轲,被荆轲奋臂一挥,药囊全碎了。

尽管荆轲十分勇猛,这群大臣们拿他没办法。但毕竟要应付这些人,所以秦王得以东躲西藏,没有被荆轲抓住。秦王身上带着一把名叫"鹿卢"的宝剑,长八尺,他想拔出宝剑来击荆轲,无奈剑太长,剑鞘一时难以拔脱。有个名叫赵高的小内侍看到这一情景,急切地喊道:"大王为什么不把剑放到背后来拔?"秦王突然明白了过来,照着他的说法把剑拔了出来。秦王把剑拿在手中,这时胆子也壮了,径直走上前来砍杀荆轲,砍断了荆轲的左腿。荆轲一下子就倒在了左边的铜柱子旁站不起来了,于是他举起匕首猛地朝秦王投击,秦王躲闪开了,那把匕首从秦王的耳边飞过去,直直地刺入右边的铜柱之中,并迸出了火光。秦王又用剑来刺荆轲,荆轲用手接住宝剑,三个手指都被割断,掉在地上。荆轲前后被刺了八次,他坐在地上靠着柱子凄惨地笑着,向秦王骂道:"你真是万幸啊!我本想活捉你,让你退回所侵占的诸国的土地,不想事情不成,这真是天意啊!然而你倚恃强力,吞并诸侯,统治也不会长久的!"左右大臣急忙上前把他杀死了。在殿下的秦舞阳得知荆轲在殿上已经动手,也要冲上前来,却被殿下侍立的郎中等众人杀死了。这件事情发生在秦王嬴政二十年,就是公元前227年。

秦王为此大怒,把推荐荆轲来见他的蒙嘉满门抄斩,并斩杀了所有其余跟随荆轲来燕国的随从,将他们的尸骨在广场上焚烧。对夏无且、赵高等出了力的人员重奖,另派出信使命令正在攻打代地的大将王翦改为攻打燕国，王剪用了十个月击败了燕国，打下了燕都蓟城。

燕王姬喜与燕太子丹带领两万精锐逃跑，向辽东郡退守，以平壤为都城。公元前226年，秦将李信进逼辽东，燕王喜逼得没有办法，只好杀了太子丹，向秦国谢罪求和。

《燕太子》
陈子昂
秦王日无道，太子怨亦深。
一闻田光义，匕首赠千金。
其事虽不立，千载为伤心。

五年后，秦派大将王翦的儿子王贲渡过鸭绿江，打下了平壤，燕王姬喜投降，燕国彻底灭亡。

后世遗踪

战国末年，燕国被秦国灭掉。后世子孙就以国为氏，称为燕氏，形成了一支燕姓。还有一支燕姓可以追溯到商朝时候。那时有位叫伯倏的贵族被封到燕地（今河南省延津县一带），建立了燕国。伯倏的后代也以燕作为姓氏，是今天燕姓的另一个来源。古代，燕氏望族大多出自于上谷、范阳。燕姓人登上历史舞台后，就表现得比较突出。春秋时，孔子弟子中有一位燕及，曾被后世追封为渔阳伯；西汉有首先发现上官桀谋反，后被封为宣城侯的功臣燕仓；东汉时有中郎将燕。燕姓后来南迁，使这个源自河北、河南的古老姓氏，在我国南方也渐渐强大起来，像北宋画家燕文贵，就是吴兴（今属江苏）人。北魏镇远将军燕凤、河内太守燕崇，隋朝大将燕宋，宋代武信军节度使燕达、画家燕文贵、计量发明家燕肃等，均是燕姓中的名士。

第七章 周天子

　　最早的"周"字出现在殷墟以及周原出土的卜辞中，最早的"周"字是指界限分明的农田，田里种满了庄稼。早期周族活动中心在周原地区，都是属于平原地方。周族有着悠久的历史，长期在陕甘一带活动，后以岐山之南的周原为主要的根据地。至公元前11世纪初，周族的力量日益强大。它一面征伐附近小国，扩充实力；一面把它的都邑从周原迁到今天长安县沣水西岸，建成丰京。它不断向东进逼的势态，加剧了与商朝的矛盾。此时，商王朝政治腐败，内外矛盾空前尖锐。周文王认为伐商条件已成熟，临终前嘱太子发（武王）积极准备伐商。周武王即位以后，向东进发。在牧野誓师，历数商纣之罪。商纣王发兵17万与周军对阵，但军士们无心战斗，前徒倒戈，引导周军攻纣。商纣王仓皇逃遁，在鹿台自焚而死，商朝遂亡。从此，中国历史进入了周王朝时代。

代表人物：周武王（姬发）　周赧王（姬延）
对政局影响：中国历史上最长的一个朝代，它的官僚机构和制度，对以后的中国社会影响深远，成为中国传统文化的主要来源。
溯本追源：羌族部落
后世遗踪：周平王迁洛邑之后，经过数代的传袭，国力越来越弱，周天子不再是天下的共主，各称霸诸侯挟持天子，以壮声势。公元前256年周室终为秦国所灭。周赧王被贬为平民，并随周室成员一起被迁到惮狐（今河南临汝县西北），他们被当地人称作周家，其子孙遂以此为姓，称作"周"。

第七章　周天子

◎ 武王：八百载江山奠基者

周原

周朝，公元前1066至前256年，存在约800年，共传30代37王.是中国历史上最长的一个朝代，可分为西周和东周两个时期。西周建都镐京（今陕西西安附近），到公元前771年结束。第二年，周平王迁都洛邑（今河南洛阳），开始了东周的历史。周朝和各诸侯国的统治范围包括今黄河、长江流域和东北、华北的大部。周朝是中华帝国的一个重要时期，也是中华古典文明的全盛时期，他的物质，精神文明对后世历史的发展有很深的影响。

周朝王族，商朝时是边疆的少数民族戎部族（也做犬戎）的一支，也就是后来所说的羌族，与东夷相对，后东迁至商人的势力范围之内。据说，周人的祖先上古时期是在中东游牧的美索不达米亚部族，与以色列、阿拉伯、雅利安等民族在上古时是近亲。不过周朝建立后，周族被天子分封到各地与土著融合，所以现在其血统与游牧祖先已经差别很大了。

周族传至古公亶父（dǎnfù，胆，甫）时，被其他戎狄部落进攻，古公于是带领大家向东迁徙到岐山脚下居住，并在此废除游牧风俗，把民众分成邑落定居下来，这里由此成为周族的兴盛之地，史称"周原"。

戎狄

"西戎"，在西周到战国，主要是指氐羌系各部落，秦汉以后，整个中国古代，狭义即指氐羌诸部，广义则包括中国西部各民族。

— 169 —

狄的本义，王国维先生在《鬼方昆夷猃狁考》中断定，是由"远"与"剔除"的含义，"后乃引申之为驱除之于远方之义"。此外，狄还有强悍有力，行动疾快等含义。《尔雅·释兽》说："麋、绝有力，狄"，邢昺《疏》"绝异壮大有力者，狄。"《礼记·乐记》说："流辟邪散，狄成涤滥之音作。"郑玄《注》"狄、涤，往来疾貌也。"春秋初，在秦、晋、郑、卫、邢等国以北，即今陕北及山西、河北两省的中部与北部，有许多强悍有力的部落，是对中原诸夏的威胁，但当时仍与西戎及伊洛地区之戎统一称为戎，只在方位上称为北戎。至春秋中叶，出现了称上述地区各部落为狄的记载，因其在北，称为北狄。在狄的族称出现以后差不多100年间，又出现了赤狄、白狄、长狄等许多称号。

商朝经常攻打羌族部落，以取得战俘作为奴隶，其中一定就有周人的祖先。商朝的军队由身披犀牛皮甲胄、内穿丝绸长衣的贵族重步兵和手持战斧头的平民轻步兵组成。其人民勇武，商朝甲骨文的"戏"字，由一支戈一只老虎和一个盾牌构成，即是将与老虎搏斗作为游戏。此时，商朝已经维持了对周边各族近五百年的统治，这个大国在周人心目中，不仅强大无比，而且是天神一样的存在。

周人灭商后，在铭文中充满成就感地写到"小邦周克大邑商"，并宣布"神的时代结束了，人的时代开始了"。但周人对商朝的文化仍是充满敬畏感的，周王曾经对商朝的战俘说：只有你们商朝的先人，才是拥有文化典籍的啊，因此商朝的文化被继承下来，并没有因为殷人的被征服而中断。

文王伐商

商朝武乙统治时期，由于长期忽略军事，周边地区的部落陆续反叛。威胁最大的是东夷人（殷商其实也是东夷的一支），他们侵入王畿，威胁朝歌。武乙为了集中力量对付东夷，只好与西北的周人结盟，以免两线作战。于是，周人则趁机开始在西北抢地盘，自我壮大。他们在周侯季历的领导下，以陕西岐山为根据地，开疆扩土，势力日益强盛。武乙之子文丁继位,看到周人屡败戎人,战功显赫,势力扩大,唯恐对商不利,于是将季历招至朝歌,下命囚禁,季历于是死在那里。

东夷

东夷,是一个在学术上指代的名词,东夷这个词来自于周代,但是却被史学界用来借指史前中国生活于今山东、淮河地区,活动在今泰山周围的自称为夷的众多部落、方国的一个名词范畴。东夷,即东边的夷人,"夷",古山东话中音同"人",原意为"一人负弓"(《说文解字》)。东夷文明作为华夏文明的一个有机组成部分,大约起于后李文化(距今约8300年),历经北辛文化(距今约7300年)、大汶口文化(距今约6500年)、龙山文化(距今约4500年)、岳石文化(距今约3900年),创造出了灿烂辉煌的文明,同中原文明,关中文明,和诸多南方文明,一同构成了整个华夏文明的系统体系,是黄河文明乃至整个华夏文明的主体和渊源之一。

此时,周人正在姬昌的统治之下。姬昌当时是商朝西方诸侯之长,亦称西伯昌,他是古公亶父之孙,季历的儿子,也就是日后著名的周文王。姬昌急于为父亲季历报仇,在未充分准备,条件尚不成熟的情况下,征调周军进攻商朝,一战败北。姬昌吸取了这个教训,重申了对商王的从属地位,同时下决心从根本上增强周人的力量。

文丁杀了季历后,商朝徒然加剧了与周人的矛盾,并未遏止周人力量的发展。继任商王帝乙对此表示深刻反思,此时东夷部落又发生叛乱,同样为了避免两线战,帝乙主动向周表示和好,把文丁的一个幼女,嫁给了姬昌。姬昌也认识到周与商朝的实力差距,于是暂时隐忍下来,接受了帝乙的善意。当时,周人甚至连文字都没有,成语"画地为牢"历来被当作姬昌的仁政举措,其实这正反映了周人社会组织的粗浅。后来周灭商,就继承了商朝的刑罚体系,膑脚、烹煮等酷刑一样在使用,再也不谈什么仁义了。

到了商朝末年,商纣王果敢干练,他自负其才,专断独行,引起统治阶层的内讧,为了稳定统治,他采用了残酷的刑罚,表面上暂时取得平静，但其人民已经离心。对外，纣王继续进攻东夷部落，但强悍善射的东夷人并不臣服，于是商朝陷入征伐不断叛乱不断的恶性循环之中，弄得国困民乏，史称"纣克东夷，而陨其身"。

姬昌此时正在为灭商做充分准备，他勤于政事，重视发展农业生产，礼贤下士，广罗人才，拜姜尚为军师，问以军国大计，使"天下三分，其二归周"。姬昌以商朝的一个"方伯"的面目出现，表面上臣服于商朝，暗地里却积极进行灭商的准备。他分化瓦解商朝的附庸，争取与国，成功地调解了虞、芮两国争田纠纷，使河东小国纷纷前来归附，诸侯都把姬昌看成是以取代商纣的"受命之君"。

在虞、芮归附的第二年，姬昌向西北、西南用兵，为灭商建立了巩固的后方。接着向东发展，过黄河进攻耆、邘等国。沿渭水东进，攻占了商朝在渭水中游的重要据点崇，扫除了周在东进道路上的一个障碍，并且据有关中的膏腴之地。在伐崇的第二年，姬昌在沣水西岸营建丰邑，把政治中心迁于丰（今西安市西南）。至此，姬昌已完成了对商都的钳形包围，周人对商朝已经形成咄咄逼人的攻势。姬昌在位50年，他是西周王朝的实际开创者。

牧野之战

姬昌之子姬发，继承了父亲的事业，审时度势，积极为灭商准备条件，等待时机。他即位9年后，为便于进攻商都朝歌（今河南淇县），将都城由丰（今陕西西安西南沣水西岸）迁至镐（今陕西西安西南沣水东岸），举行了历史上有名的"孟津观兵"。

这次观兵实际上是一次为灭商做准备的军事演习和检阅。他率大军先西行至毕原（今陕西长安县内）文王陵墓祭奠，然后转而东行向朝歌前进。在中军竖起写有父亲西伯昌名字的大木牌，自己只称太子发，意为仍由文王任统帅。大军抵达黄河南岸的孟津（今河南孟津县东北），有800诸侯闻讯赶来参加。人心向周、商纣王孤立无援的形势已形成，诸侯均力劝武王立即向朝歌进军。武王和姜尚则认为时机还不成熟，在军队

第七章 周天子

渡过黄河后又下令全军返回,并以"诸位不知天命"告诫大家不要操之过急。

二年后,周武王探知商纣王军队主力外调,宗室又发生内讧,太师等人抱着商朝宗庙祭器出逃,百姓怨声载道,上下离心。周武王同姜尚研究,认为灭商条件已完全成熟,遵照周文王"时至而勿疑"的遗嘱,果断决定发兵伐商,通告各诸侯国向朝歌进军。出发前,太史卜了一卦,得兆象大凶。见此不吉之兆,百官大惊失色。周武王决心已定,不迷信鬼神,毅然率兵车300乘、近卫武士3000人、甲士4.5万人向朝歌进发。大军到达朝歌郊外70里处的牧野(今河南汲县南),各诸侯率兵车4000乘会合。

商纣王闻知周兵已到,其时商军主力远在东夷,他只好调集都中士兵,再加把囚犯、奴隶、战俘武装起来,勉强凑齐十七万商军开赴牧野(今河南汲县)相迎。双方开始了历史上著名的牧野之战。周武王在战前向全军发表誓词,历数商纣王的罪恶,宣言伐纣的正义性,动员将士们英勇杀敌。这一年二月甲子日,商、周二军在牧野展开决战,姜尚率周军前锋冲进敌阵,商军无心战斗,纷纷倒戈相向。商纣王见大势已去,仓皇逃回朝歌,登上鹿台,引火自焚身亡,商朝由此灭亡。

成康之治

周武王建周后,大封功臣谋士,据说,周初总计分封了七十一个诸侯国,其中兄弟之国十五,同姓之国四十。封邦建国的目的,是加强对各地的统治,并作为周王室的屏藩。周武王为了巩固全国政权,日夜思虑,睡不好觉。他还同周公旦讨论过在当时被认为地处天下之中的洛邑(今河南洛阳市内)营建东都,以便于加强对东方的控制。可惜他未能实现这个计划,在灭商二年后即逝世。

果不其然,周武王死后,其子成王年少,管叔、蔡叔不服,与殷纣之子武庚,带领淮夷,发动叛乱。周公毅然率兵东征,平定了叛乱,诛杀了武庚和管叔,放逐了蔡叔,收服了殷的余民。周成王死后,继位的周康王继承先王的事业，勤于政事，平易近民，刑罚几十年不用，社会更加安定。

武、成、康三代，政治清明，是周王朝的黄金时代。但到第四代天子周昭王时，就出现了危机。当时，王道微缺，周昭王贵为天子，南巡汉水时，却被船夫用特制的胶船暗算，葬身于鱼腹之中。周穆王继位后，为了恢复周王朝的威望，新设太仆一职，作为太御众仆之长，以加强王朝的中枢管理。他制定刑律，减轻刑罚，以加强对臣民的控制，施善政于天下。他西征犬戎，南摄夷人，对边远民族的侵扰进行积极的防御，制止了掠夺。周穆王又曾东平徐偃王所率徐夷诸部的反叛，南讨楚国，大会诸侯于涂山。

周穆王以后，周朝逐渐衰微，周共王、周懿王、周孝王、周夷王四代，由于周围戎狄的不断侵扰，王朝陷入长期的战争之中，国力消耗很大，不得不加重对民众的剥削，国内矛盾日益尖锐。有的贵族也开始破产，而表现出对现实的愤懑。长期的矛盾逐渐积累，使王朝产生了深刻的危机。在这种情况下继位的周厉王，不仅不采取安抚民众、发展民生的措施，反而任用佞臣，大肆挥霍，连年对外征战，变本加厉地剥夺，垄断山泽之利，引起民众的不满和议论。他就派巫师监视，杀死议论的人，使矛盾更为尖锐。三年以后，愤怒的镐京居民终于发起暴动，将厉王流放到彘，由周公和召公共同执掌政权，历史上称为"周召共和"。共和元年即公元前841年，中国历史从这一年开始有了明确而且连续不断的纪年。

到第十二代天子周幽王时，王朝的危机更为严重。关中地区发生地震、山崩和河水枯竭等严重自然灾害，最严重的是周幽王决定废去王后申氏及太子宜臼，另立褒姒为王后。申后的父亲申侯于是联合西方部族犬戎，举兵攻打周幽王，在骊山下杀死周幽王。周幽王的儿子宜臼即位时，关中遭受兵火洗劫，残破不堪，犬戎又不时前来骚扰。周平王宜臼只得将都城迁到洛邑，史称平王东迁，东周开始。

第七章　周天子

◎ 周赧王：羞愧之王，债台高筑

出兵讨秦

周赧王，东周第 25 位国王，也是最后一位周天子。姓姬，名延，为周慎靓王姬定之子。在位 59 年，是两周在位最长的君主，他在位时期，东周王室的影响力仅限于洛邑（现在的洛阳附近，当时是东周的首都）。死后葬于牵水北岸（今陕西省陇县），一说葬于岳阳（今湖南省岳阳县）。

在周幽王死后，太子宜臼即位，是为平王。鉴于镐京残破，又处于犬戎威胁之下，周平王于公元前 770 年，在郑、秦、晋等诸侯的卫护下，迁都洛邑，建立了东周王朝，考古发掘所见东周的建筑遗迹，多为宫殿遗址，出土的建筑构件以瓦当最为常见，还有青铜斗拱、青铜饰件和青铜屋模型等。由此可以想见东周宫殿建筑的宏伟壮观。据《左传》记载，春秋时共有一百四十多国。其中比较重要的有齐、晋、楚、秦、鲁、宋、郑、卫、陈、蔡、吴及越等国。

东周时期，大国争霸、战乱频繁。这时，天子直辖的"王畿"，在戎狄不断袭扰和诸侯不断蚕食下，大大缩小了。周赧王姬延在位期间，周王室已经十分衰弱，他所统治的地盘只有三四十座城池，3 万多人口。还分成"东周"和"西周"，两部分由东周公和西周公分治，姬延居于"西周"（即王城）。

周赧王姬延在位期间，秦国开始左右出击，南攻楚，东击三晋（韩、赵、魏），向中原地区扩展。山东六国虽然因为各怀野心，又彼此猜疑，不能合作抗秦，但被秦攻打急了，也曾屡次短时期联合起来对付秦国。

周赧王五十五年（前240年）秦王又派大兵攻赵，白起坑杀赵卒40余万人于长平，围赵都邯郸。赵国的平原君赵胜就率领门客20人去楚国求救。毛遂自荐出使，由于他的机智勇敢，终于说服了楚王，答应出兵。

平原君

平原君，战国四公子之一，赵国贵族，即赵胜，赵武灵王之子，赵惠文王之弟。刻于东武（今山东武城），号平原君。他礼贤下士，门下食客至数千人。平原君初为赵惠文王之相，赵惠文王死后，又为赵孝成王之相。赵孝成王七年（前259），秦军进围赵都邯郸（今属河北），赵田派平原君向魏和楚求援。九年，食客毛遂自告奋勇，同平原君去楚国求援，说服了楚王，派春申君率军救赵。援军到来之前，邯郸城内兵困粮尽，平原君尽散家财，发动士兵坚守城池。直到楚军和魏信陵君援兵赶到，解邯郸之围。平原君虽立大功，却不向赵王请封。武安君记叙："至于平原君之属，皆令妻妾补缝于行伍之间。上下同心，犹勾践困于会稽之时也"。

楚国派春申君黄歇率楚军救赵，但楚距赵既远，行动又甚迟缓，楚军刚到赵国边界时，秦军已被信陵君赶走。春申君感到脸上无光，就向楚考烈王献计，打算趁秦国刚刚战败，联合各国攻秦，还可以劝说周赧王，以天子名义号令各国协力攻秦，更加名正言顺。楚王就派人告诉周赧王，请他下令各国一起出兵攻秦。

春申君

春申君，战国四公子之一，战国楚相，即黄歇。黄歇游学博闻，善辩。考烈王元年，以黄歇为相，封为春申君，赐淮北地12县。

春申君明智忠信，宽厚爱人，以礼贤下士、招致宾客、辅佐治国而闻于世。顷襄王时，秦昭王派大将白起带兵打败韩国和魏国后，联合韩、魏两国共同讨伐楚国，形势危急，顷襄王派能言善辩的春申君出使秦国，说服秦昭王退兵。顷襄王病重，春申君设计使留在秦国作为人质的楚太子完逃回楚国即位，即考烈王。考烈王任他为相。在秦军围攻邯郸时，

第七章 周天子

春申君带兵救援，后又为楚北伐灭鲁。

当时楚考烈王无子，春申君以此为忧。后来，春申君娶赵人李园之妹。李园妹有身孕后，献于考烈王，生子被立为太子（即楚幽王），而李园妹被立为王后。李园因此逐渐掌握大权，蓄养死士，欲杀春申君。考烈王病死后，李园令人埋伏于棘门之内，杀死春申君及其全家。

眼看秦国已攻占了六国的很多地方，下一步就要收拾周朝，姬延在忧心忡忡中度日，也想抑制秦国势力的扩展，见到楚国的使者，姬延大喜，觉得这是个好机会，就答应了下来。随即命令西周公核查人口，凑起了一支五六千人的军队，可是缺少武器、粮饷。姬延向境内的富人们筹借军资，付给他们借券，答应周军班师之日以战利品偿还。富人们见有利可图，以为在周天子的号令下，六国可以取胜，战后准能发一笔大财，便高兴的把钱借给了周赧王。

债台高筑

公元前256年，姬延准备就绪，任命西周公为大将，率领五千军队伐秦，并约六国诸侯到伊阙（今河南省洛阳市南）会合，一起出击。不料，韩国被秦打怕了，不敢来；赵、魏刚跟秦国打完仗，元气未复，无力出兵；齐国自认与秦关系尚好，不愿出兵。最后，除了楚、燕两国派了些兵来以外，其他四国的兵马都失约不来，在伊阙的总兵力不过几万，远不是几十万秦兵的对手。结果，斡旋了3个月仍不见其他四国的兵马到来，楚、燕两军等不到同盟军，又见秦兵耀武扬威，己方士气涣散，于是悄悄退走了，西周公也只好撤军回来。

借钱给周赧王的富人们本想是来发大财，这一来，老本都要赔光了，见周军回来，纷纷持借券向姬延讨债。他们从早到晚聚集在宫门外，从早到晚，闹个不停，声音直传入内宫。姬延愧悔不已，又没钱还债，只好成天躺在宫后一个高台上，不敢下来。周朝人将这个高台称为"逃责台"（即逃债台），"债台高筑"的成语，就是由此而来的。

楚、燕退兵之后，秦军不肯罢休，攻下韩国的阳城（今河南省登封县东南)、负黍（今河南省登封县西南）后，又向洛阳杀来。姬延惊慌，打算逃奔韩国或魏国。西周公劝说道："秦吞并六国已是大势所趋，韩、魏两国也不会幸免，大王与其两次受辱，还不如趁早投降，结局或许能好些。"

姬延无奈只好率领臣下和宗室，到祖庙哭拜了一番，三天后，亲自带着家眷、图册，去秦国都城咸阳，向秦昭王称臣，献上36邑全部领土。秦昭襄王受降，见到周赧王如此恭顺，不再加罪，把他封为"周公"，命令他居住于梁城（今陕西省韩城县南），并夺去象征国家权力的九鼎宝器。

姬延当时已经年老，奔走于周秦梁等地，经不起劳苦，到梁城后不满一月就病死。姬延死后谥号为赧王。这年是公元前256年，他在位共59年。再过了7年，到公元前249年，秦庄襄王派兵占领了东周公所管辖的地区，并把洛阳一带建为三川郡。周王朝至此灭亡，从周武王建国起，共历八百余年。

周赧王死后葬于张家界大庸坪，历代有文人吟咏，张家界原为大庸国，为苗蛮之地。周赧王为周朝最后一个皇帝，他死后秦王不许将其尸体埋在都城洛邑，而是将他的尸骨掘出，迁葬河南临汝县东北方惮孤的荒山野岭。后周朝旧臣不满秦王此举，一丁姓庸国旧臣密邀几位庸人暗将周赧王尸骨挖出，迁入大庸国，大庸君主为赧王举行了国葬，为了让周君不寂寞，并以四十八座女人衣冠冢陪葬，古称"四十八堆"。《直隶澧州志·陵墓》记载："周赧王墓，县西十五里，有赧王山，中有大冢，封殖甚高，周列小冢四十余，或云殉葬宫嫔也。"王右丞（唐代大诗人王维）诗曰："蛮烟荒雨自千秋，夜邃空余鸟雀愁。周赧不辞亡国恨，却怜孤墓近欢兜"。洪容斋笔记记载："慈利县（大庸曾属慈利县）周赧王冢中藏古器物甚多。旁有五里堆，皆冢也。"清代，某文人有感周君无所建树而亡国，落得个尸抛异乡，诗云："赧王墓下半苍苔，落照荒烟过客哀。此日招魂奠杯酒，笑他避债望乡台。"

后世遗踪

秦灭周后,有相当一部分周宗室子孙及周朝遗民以周为氏,如周平王之后,这一支通常被认为是我国周姓来源的主要部分。

周氏早期主要在河南发展繁衍。居住在河南临汝的周氏,部分人于秦代迁往沛郡,成为当地著姓,西汉大臣周昌、周勃、名将周亚夫即属此支。东汉末年,京师遭董卓之乱,汝南安城周氏有一支迁居今安徽庐江。西晋永嘉年间,中原士族随晋室同渡,有一支周氏迁往姑熟。到唐代元和年间,除沛国周氏、长安周氏为周赧王的后代,河南周氏为鲜卑族改姓外,大都是西汉汝坟侯周仁的后裔。周仁5世孙周燕,子孙繁盛,分衍出许多支脉,泰山周氏即是其中一支。

在漫长的历史岁月中,周姓名人辈出。如汉初名将周勃;周亚夫父子;三国时的名将周瑜;宋代的著名词人周邦彦;哲学家周敦颐;清代词论家;词人周济;近代文学家、思想家周树人(鲁迅);中华人民共和国的开国总理周恩来等。现在,周姓是中国的第九大姓。

周朝谱系

西周

文王（在位 51 年）

文王姓姬名昌，父名季。姬昌即位后曾一度被商王所囚，后被释放。他礼贤下士，有姜子牙等名臣辅佐，为以后灭商打下基础。据传文王死时 97 岁。

武王（在位 5 年）

武王姬发，父姬昌。即位后大举伐商，并于牧野，大败商军，纣王自焚，商亡。武王建都于镐京，史称西周。武王死时 54 岁。

成王（在位 30 年）

成王姬诵，武王子，即位时 12 岁。由周公旦摄政，曾平定武更（纣王子）叛乱，并大封诸侯，造东都洛邑。成王死时 42 岁。

康王

康王姬钊，成王子。康王是一位有作为的周王，史称"成康盛世"。康王时，周朝较强盛。

昭王（在位 2 年）

昭王姬瑕，康王子。"昭王之时，王道微缺"，周国力开始下降，昭王南巡死于楚。

穆王（在位 55 年）

穆王姬满，昭王子。穆王时作《吕刑》，是流传下来的我国最早的法典。穆王是西周在位时间最长的周王。

共王（在位 12 年）

共王姬伊扈，穆王子。

懿王（在位 25 年）

懿王姬囏，共王子。懿王时，周室衰弱，外族入侵已无力抵抗。

孝王（在位15年）

孝王姬辟方，穆王的儿子，共王的弟弟。

夷王（在位12年）

夷王姬燮，周懿王的儿子。夷王时，周天子与诸侯的矛盾尖锐化，夷王曾烹杀齐哀公。

厉王（在位16年）

厉王姬胡，夷王的儿子。厉王是一位暴君，对外战争屡败，国势日危。在位16年，竟被国人放逐。

周召共和（执政14年）

周召共和是指周定公与召穆公共同执政。此二人均为宗周的大贵族。

宣王（在位46年）

宣王姬静，厉王的儿子。即位后针对周王室的内忧外患，进行改革。取得成功，史称"宣王中兴"。

幽王（前781－前771）年在位，在位11年。

东周

平王（宜臼）（在位50年）

东迁于洛邑，辟戎寇，平王之时，周室衰微，诸侯强而周室弱，齐、楚、秦、晋开始强大

桓王（林）（在位22年）

平王孙，桓王三年，郑庄公朝，桓王不礼。十三年，伐郑，郑射伤桓王，就是史书说的"箭射王肩"。

庄王（佗）（在位15年）

庄王四年，周公黑肩要杀庄王而要立王子克为王。辛伯告发，庄王杀死周公，王子克逃往燕国。

厘王（胡齐）（在位5年）

庄王子．厘王三年时，齐桓公开始称霸．

惠王（阆）（在位25年）

厘王子，即位初，庄王还有一子叫颓，而且很受宠。及惠王即位，颓联络众大夫边伯等五人作乱，计划召燕国、卫国的军队讨伐惠王。惠

王逃至郑国。颓称王。郑国、虢国国君大怒。四年，郑国和虢国发兵讨伐，杀死颓，又立惠王。惠王十年的时候，赐齐桓公为伯。

襄王（郑）（在位32年）

惠王子，惠王王后生子叔带，很受惠王宠爱，襄王也很畏惧他的势力。三年，叔带勾结戎、翟讨伐襄王，襄王要杀叔带，叔带逃往齐国。齐桓公派管仲平灭威胁周朝的外戎，派隰朋平灭威胁晋国的外戎。襄王以上卿之礼款待管仲。管仲拒绝，于是管仲接受下卿之礼的款待，回国。九年，齐桓公卒。二十四年，晋文公卒。三十一年，秦穆公卒。

顷王（壬臣）襄王子。

匡王（班）顷王子。

定王（瑜）（在位21年）

匡王弟，定王元年，楚庄王伐陆浑的敌人，第二年经过洛邑，让人问周朝索要九鼎。定王让王孙满出使拒绝，楚兵退去。十年，楚庄王围困郑国，郑伯投降，被放。十六年，楚庄王死。

简王（夷）（在位14年）

定王子，简王十三年，晋国国君厉公被杀，晋国人迎回在周朝的公子子周，立为悼公。

灵王（泄心）（在位27年）

简王子，灵王二十四年，齐国崔杼杀死齐国君庄公。

景王（贵）（在位23年）

灵王子。

悼王（猛）（在位0年）

景王子，景王喜爱儿子朝，但景王死后，国人立长子猛为王，后被姬朝杀死。

敬王（丐）（在位43年）

景王子，姬朝杀猛后自立，但是晋国拥立丐为敬王。四年后，晋国率诸侯拥敬王回朝。三十九年，齐田常杀其君简公这就是有名的"田姓代齐"，也就是从这起，齐国的国君不是姜子牙的后裔了，而是田姓，四十一年，楚灭陈。孔子卒。

第七章 周天子

元王（仁）（在位 8 年）

敬王子。

定王（介）（在位 27 年）

元王子，定王十六年，三晋灭智伯，分有其地。这就是有名的"三家分晋"，这是春秋和战国划分的标志。

哀王（去疾）（在位 0 年）

定王长子，哀王即位三月，弟叔袭杀哀王而自立，就是思王。思王即位五月，少弟嵬攻杀思王而自立，就是考王。此三王皆定王之子。这里就将哀王，思王列在一起。

考王（嵬）（在位 15 年）

定王之子，考王封其弟于河南，是为桓公，接替周公的官职。桓公死后，儿子威公代立。威公死后，儿子惠公代立，封他的小儿子在巩这个地方，号东周惠公。

威烈王（午）（在位 24 年）

考王子，威烈王二十三年，正式给韩、魏、赵诸侯的身份。

安王（骄）（在位 26 年）

威烈王子，即位这一年，楚国盗杀楚声王

烈王（喜）（在位 8 年）

安王子。

显王（扁）（在位 46 年）

烈王弟，显王五年，秦献公称伯。四十四年，秦惠王称王。其后诸侯皆为王。

慎靓王（定）（在位 6 年）

显王子。

赧王（延）（在位 58 年）

慎靓王子。王赧时东西周分治。王赧徙都西周。